LES AGRANDISSEMENTS DU CIEL EN BLEU

DU MÊME AUTEUR

ROMANS, CHEZ ROBERT LAFFONT :

Le voyage à plus d'un titre, 1981
La nuit est la dernière image, 1982
Mémoires d'un ange maladroit, 1984
L'hiver ailleurs, suivi de
Sans nouvelles du paradis, 1988
Choses qu'on dit la nuit entre deux villes, 1991

POÈMES :

Heures locales, Seghers, 1977
Antarctique, Le Castor Astral, 1978
Périmètres, Éd. Dominique Bedou, 1981
Les eaux territoriales, Éd. D. Bedou, 1983
L'incomparable promenade, Cadex Éd., à paraître

FRANCIS
DANNEMARK

Les agrandissements du ciel en bleu

ROMAN

ROBERT LAFFONT

ISBN 2-221-07223-5

Pour Étienne & Marie-Claire.
Pour Marie.
Pour Carine & les poissons.
And for Malcolm Earl W.

Quoi qu'en disent les cartes de géographie, l'hiver, le printemps, la hauteur des montagnes n'est pas la même.

Daniel Fano

Comme toujours, le principal reste à dire; d'autres viendront sûrement, qui ne le diront pas non plus.

Marcel Havrenne

And the glory of love...

Lou Reed

Une fine couche de bleu recouvre la neige du jardin et le ciel est la vitre claire d'une fenêtre fraîchement lavée. Hiver belge. Un merle s'est posé au milieu de l'espace, il danse lentement sur un rythme à trois temps. Dans la maison, l'homme qui regardait le jardin s'est déplacé pour poser le doigt sur une touche, des bruits se font entendre, ambiance d'un bar, d'un club, puis une voix se détache: « *We are going to play a long number, it's an original composition from Mal Waldron...* », et le piano puis la batterie et la basse prennent place dans la chaleur de la pièce.

L'homme s'est assis. Il regarde les bibliothèques dont les planches s'incurvent déjà sous le poids des livres et il ne sait pas où il mettra ceux qui doivent encore arriver. Les laisser dans une grande malle, peut-être, et en faire une table basse ou un banc. Il prend dans la poche de sa chemise le petit mot qu'elle a glissé là en l'embrassant, quelques minutes avant de partir vers un rendez-vous à l'autre bout de la ville. Il touche du doigt les mots d'encre bleue: «Ne viens pas au magasin avant sept heures, je veux vraiment garder l'effet de surprise. A part ça, Nelly est un beau prénom et si faire un enfant reste à l'ordre du jour, je le note précieusement.» La lettre L au bas du carré de papier est calligraphiée à l'ancienne, petit personnage allègre. Des applaudissements résonnent et il se lève pour remettre le même morceau. Son reflet dans la vitre lui sourit, et ce sourire, il s'amuse à l'agrandir.

Plusieurs mois auparavant...

1

A la fin du jour commence un autre jour, en noir et blanc et sur un rythme différent. C'est la porte ouverte à des images qui dansent, à des sons pleins d'échos, à des parfums qui font fermer les yeux. La mer est à cent kilomètres de la ville mais à cet instant, dans le vent qui vient de se lever, elle est à cent pas.

Il s'arrête et respire lentement, et quand il rouvre les yeux, la nuit a vraiment commencé. Juin, les longues journées, les premières nuits douces, les promenades comme autrefois même si la ville s'est transformée. La lune s'est posée sur le flanc brillant d'un car dont les portes s'ouvrent et des gens sortent l'un après l'autre, ils parlent anglais et Théo se laisse bercer un moment par leurs voix.

Il descend la rue. Les hôtels sont tous récents et entre eux des chantiers annoncent d'autres hôtels. Un peu plus bas, il s'arrête encore. A gauche, c'est la Grand-Place, à droite s'ouvrent les Galeries, moins de gens là, un saxophone vient de jouer les premières notes d'*Angel eyes.* Théo marche lentement, il masse son épaule gauche en grimaçant un peu. Les vitrines éclairées des boutiques de la première galerie lui renvoient son image comme une surprise, il sourit de se voir là, est-ce toujours le même musicien?, le son est superbe.

La première galerie n'est séparée de la seconde que par une très petite rue transversale où seuls passent les piétons. Ce n'est pas une rue mais une collection de restaurants dont les tables, chaque fois que le temps le permet, envahissent le passage. Les musiciens s'installent volontiers près des piliers qui encadrent le croisement et c'est là que Théo découvre le sax ténor, c'est bien lui, pas vieilli, il est maintenant dans les spirales de *Summertime*, les yeux mi-clos, et on voit qu'il sourit malgré l'instrument à ses lèvres.

Quand le morceau s'achève, il adresse à Théo un clin d'œil amusé, signe peut-être de vague reconnaissance, ou alors de complicité: *Summertime*, tout le monde connaît ça mais je peux jouer autre chose. Une femme se penche pour laisser tomber un peu de monnaie, elle porte une jupe très courte sur des jambes splendides, Théo se voit les caressant et le saxophoniste, un instant après, ouvre tout grand les yeux, j'ai vu dit-il, sans arrêter sa promenade feutrée dans un morceau de Thelonious Monk. Puis la musique s'achève, Théo applaudit doucement. «Il faut vivre amoureusement», dit le saxophoniste. «Il faut vivre amoureusement», répète Théo. Puis il se glisse parmi des passants, quitte les Galeries, regagne sa voiture. A cinq cents mètres des environs de la Grand-Place, Bruxelles, la nuit, est une ville de province silencieuse et tranquille, et ses magies sont lentes.

2

Peu de voitures en circulation, peu de feux rouges. Théo met quelques minutes seulement pour atteindre le quartier de la périphérie où il loge. Capitale de poche, on en fait vite le tour. Au moment de quitter la voiture, il hésite, écoute le silence, regarde le ciel à demi éclairé. Puis il remet le contact et file vers une large avenue qui mène tout droit au ring, départ et arrivée de toutes les autoroutes.

Ce sont des rubans de lumière. Depuis qu'il est arrivé, pas une nuit ne s'est passée sans qu'il aille faire ne serait-ce qu'une toute petite balade sur ces routes de rêve, éclairées comme des fêtes sans fin. Mons, Paris, Anvers, Luxembourg... Mais ce sont des villes imaginaires; ce qui existe vraiment, c'est une plaine, c'est du vert que la nuit escamote, ce sont des arbres où la lune met sa marque et au loin, au loin seulement, des poignées serrées de points lumineux signalent la présence de gens. Ils dorment. Et Théo ne dort pas, il roule, il se laisse porter par la route. Le lecteur de cassettes diffuse les musiques des films de Fellini en sourdine et Théo siffle sans s'en rendre compte, il accompagne en fausses notes légères les airs tristes, gais, tristes, gais.

Et rien, rien ne se passe, sauf une heure au bout de laquelle Théo revient en ville. L'appartement est plein de l'odeur des fruits achetés quelques heures plus tôt et déposés sur la table de la cuisine. Pas de message sur le répondeur. Sa chambre est pourvue d'un lit très large. Le sommeil vient en un instant.

3

La cafétéria est installée dans un des derniers étages, grand réfectoire sans caractère, grandes fenêtres qui ouvrent sur une image de la ville: à gauche, une série de gigantesques grues de diverses couleurs dressées sur un vaste chantier; à droite, un parc très vert autour des arcades du Cinquantenaire. Le fonctionnaire qui prend un café avec Théo est un peu plus âgé que lui, quarante ans, l'air fatigué, un léger accent allemand. «Pas trop déçu? demande-t-il, j'aurais aimé que ce dossier que vous nous avez transmis reçoive un meilleur accueil, mais vous savez, tout est si compliqué ici, c'est pour vous dire cela que je me suis permis d'insister pour que nous prenions un café ensemble, le projet est excellent mais on ne peut pas en dire autant de l'administration européenne, d'ailleurs je m'en vais bientôt, sinon je ne pourrais pas vous parler ainsi, peut-être que toutes les administrations fonctionnent mal aujourd'hui.»

Théo sourit. «Vous êtes très aimable, dit-il, mais ne vous inquiétez pas, c'était prévu. La personne qui a élaboré le projet comptait de toute façon proposer une collaboration à des institutions privées et à des instances politiques régionales. On verra ce que ça donne de ce côté-là. J'ai d'ailleurs un rendez-vous, bientôt, avec des responsables culturels régionaux.»

Le fonctionnaire est allé chercher deux autres cafés, il revient, s'installe en disant: «Déjà trois heures, je suis en retard, mais tant pis. Mais au fond, à quel titre représentez-vous ce projet?»

«Amical, répond Théo, pas plus. Six mois par an, je donne des cours dans l'école supérieure que dirige l'auteur du projet, on se connaît bien; comme je lui avais fait part de mon intention de venir à Bruxelles, il m'a confié le dossier, c'est aussi simple que ça. Il supporte plus mal que moi les administrations, c'est-à-dire qu'il en attend encore quelque chose...»

L'Allemand sourit. «Si je comprends bien, vous n'êtes guère optimiste», dit-il. «Et vous?» répond Théo.

«Moi? Je crois que l'Europe existera un jour, je ne sais pas quand, mais en attendant, elle fabrique des fonctionnaires et des régions, qui elles-mêmes fabriquent des fonctionnaires. Les idées et les projets tombent dedans comme des oiseaux dans des nappes de mazout.»

Et Théo sourit aussi, «l'image est triste et belle, dit-il, et vous allez partir?» L'Allemand fait oui de la tête, plusieurs fois. Fin des cafés. Dehors, le soleil blanchit les arcades. Théo va s'asseoir sur un des bancs du parc. Pas de promeneurs mais des gens qui courent en survêtements fluos. Certains ont un baladeur à la ceinture, des écouteurs aux oreilles. Muscles raidis, visages tirés. Bourdonnements. Moustiques. Quand Théo récupère sa voiture, la circulation est paisible, les gens quitteront les bureaux dans une heure ou deux, l'air alors sera trop lourd jusqu'au début de la soirée. «Mais tout de même, je regretterai Bruxelles», avait dit le fonctionnaire en guise d'au revoir, et Théo s'était à cet instant-là souvenu de *L'Archiduc*. Il y passerait le soir même.

4

Chère Carla, j'ai bien reçu ta lettre. Je viens de la trouver, en faisant un crochet par l'appartement avant d'aller faire un tour en ville. J'ai vu Nicolas le soir de mon arrivée, on a été manger ensemble, très agréable soirée. Finalement, il part pour trois mois, peut-être quatre. Je n'aurai donc pas à trouver un hôtel le mois prochain.

Et comme il a prêté sa voiture à sa sœur, je peux utiliser son garage si ça me chante pour la mienne.

Les lieux me plaisent. Quartier tranquille, appartement simple et confortable. L'idéal pour se reposer.

Nicolas n'a pas changé. Toujours en train de bosser dur. Toujours célibataire. Beaucoup de bonne humeur, et ça m'a fait plaisir d'en profiter pendant quelques heures. Il m'a raconté ses missions à l'étranger, on a failli mourir de rire — et pourtant tout n'était pas drôle. Il m'a aussi parlé de Bruxelles qui est en train de changer, et de ceux de ses amis qui sont (ou ont été) les miens.

A ce propos, qu'est-ce qui te prend? Tu as pris un coup de soleil? Faire des listes, ce n'est pas vraiment ton genre, alors une liste des gens dont tu voudrais que je te donne des nouvelles... Ou alors tu imagines que je vais rester planqué dans mon coin et tu me fais un programme de visites ? Tu aurais pu profiter de tes congés pour venir, mais bon, je sais ce que c'est, après tout je suis resté des années sans revenir, on perd le chemin, on prend d'autres habitudes, on s'éloigne de plus en plus et un jour, même l'idée de revenir où on a vécu semble étrange. Promis, je te donnerai des nouvelles de ceux et celles que je reverrai. Et je ne dirai pas que tu m'as demandé cela. Je serai donc un espion. Paraît qu'il faut tout essayer dans la vie.

Nicolas a fait une remarque qui m'a fait plaisir alors qu'a priori, elle aurait dû me choquer un peu : d'après lui, ma façon de parler n'a pas changé, j'emploie toujours des formules belges, je mets les mots à une drôle de place, parfois, comme on le fait ici. Bref, j'ai gardé le rythme des phrases belges malgré l'usage assez long du français des Frenchies, sans compter l'époque où je ne parlais plus que l'anglo-allemand à l'espagnole avec mes élèves venus de partout.

Je ne vais pas te quitter en te souhaitant bon travail : tu en profiterais pour travailler encore plus, pour autant que ce soit possible. Donc : que tout ce qui n'est pas travail se passe bien ! Maintenant que tu vis tout près de la mer, je suppose que les fins de semaine seront faites de bronzage et de natation. Take care of yourself. A bientôt. Théo.

5

Longer le canal, prendre à droite en passant sur le pont, puis tout droit comme pour aller à la Bourse. Le chemin se dessine tout seul, Théo laisse aller. A la recherche d'un emplacement pour sa voiture, il oblique vers la place Sainte-Catherine.

L'église tombe en ruine, des palissades elles-mêmes déglinguées font semblant de la soutenir. Mais à côté, on a rendu sa jeunesse au Quai aux Briques et les enseignes lumineuses des restaurants de poissons se reflètent dans l'eau d'un bassin. Pas de place à trouver, Théo revient vers *L'Archiduc*, passe devant, trouve une place à deux pas dans la rue voisine.

La porte est fermée, ça n'a pas changé, il suffit d'appuyer sur la sonnette et on entre. Pénombre verte et dorée, quelle que soit la lumière extérieure. Le piano à queue est ouvert, il occupe toujours un tiers de l'espace disponible entre les tables. *L'Archiduc*, soudain, est un bateau. Comment n'y avoir jamais songé auparavant? Douces formes rondes dans une lumière marine. La maison et ses meubles et sa décoration datent de 1937, peut-être 1934 — mais on dirait les années 20. Les ressorts des banquettes sont encore plus abîmés qu'autrefois mais on a réparé les fauteuils.

A l'étage, une étroite galerie surplombe sur trois côtés la salle de la taverne; personne encore ne s'y est installé. Une serveuse en souriant salue Théo, en français et en flamand, et lui demande ce qu'il veut boire. Quand elle revient avec un café, il dit: «Quelqu'un joue ce soir?», et elle dit «oui», l'air contente, et montre du doigt une photo encadrée qu'on a posée sur l'appui de fenêtre, à côté de la porte d'entrée. Le visage ne dit rien à Théo mais le nom évoque les merveilles du jazz des années 50. Mal Waldron. Comparse de Charlie Mingus, pianiste de Billie Holiday. Mal Waldron aux côtés de John Coltrane. Leader d'un groupe avec Eric Dolphy. Et le voici à Bruxelles dans un petit café où viennent prendre un verre des intellectuels flamands, des passants et les artistes et artisans qui vivent dans les environs. Théo a envie de parler, il va s'adresser à une jeune femme assise à côté de lui mais le musicien arrive et Théo reconnaît le patron de l'établissement à ses côtés, comment s'appelle-t-il, Louis, Jean-Louis, toujours relax. Deux hommes au bar saluent les arrivants, mots flamands, mots anglais qui se mêlent à la musique ambiante, celle que venait écouter Théo quand il prenait des rendez-vous avec lui-même, la formule faisait sourire, ou quand il voulait prendre un verre avec une amie dans un lieu calme.

Le pianiste s'installe. Il allume une longue cigarette, la dépose dans un cendrier, reste longuement sans bouger devant le clavier. Il n'y a guère plus d'une douzaine de personnes attablées, qui parlent à voix basse ou lisent ou ne font rien. Mal Waldron a les cheveux d'un gris argenté, presque blanc, et le contraste est magnifique avec le noir profond et très lumineux de sa peau. Il reprend sa cigarette, rejette lentement la fumée devant lui avant de la redéposer dans le cendrier. Puis il commence à jouer. Le temps ne s'arrête pas, il ne s'écoule pas non plus; le temps va et vient.

Avec la nuit, quelques lampes supplémentaires s'allument. Le musicien s'est discrètement retiré, la musique maintenant provient d'une cassette ou d'un disque. Se poursuivent les conversations, les silences, et les bruits de verre au bar et le mouvement dansant de la serveuse. Théo est encore dans la musique, il se souvient de quelques thèmes, se répète les titres qu'il a reconnus pour prolonger l'enchantement.

La serveuse, s'approchant de sa table, lui dit: «C'était bien, hein?» «C'était superbe, répond Théo, mais dites-moi, comment se fait-il qu'il joue ici?» Alors la jeune femme lui explique: Mal Waldron s'est installé à Bruxelles et entre ses concerts à l'étranger, il joue à *L'Archiduc*; il répète, il essaie de nouveaux morceaux, il s'amuse. Puis il va au Japon, en Allemagne, à New York, un peu partout.

Dehors, la nuit a pris une odeur de pluie mais il ne pleut pas. Théo se dirige à pied vers la Bourse. Les terrasses du *Falstaff* sont sans la moindre place libre et il continue jusqu'à la Grand-Place. Des gens partout, debout, assis par terre ou aux terrasses. Pas envie d'un bain de touristes cette nuit. Il fait demi-tour, regagne tranquillement sa voiture. «T'as pas dix balles?», lui demande un grand gaillard chiffonné; «c'est pour boire!» ajoute-t-il dans un grand sourire, et Théo lui met un peu d'argent en main en lui souhaitant une bonne nuit. Dans la voiture, il fouille parmi les cassettes, il veut quelque chose d'aussi bon que ce qu'il vient d'entendre, ne trouve que Monk qui fasse l'affaire, *Round midnight*, piano solo.

6

Matin. Petit matin de pluie grasse, d'idées grises déguisées en nuages bas. Théo repose le portefeuille où il vient de ranger de l'argent, un ou deux documents, une carte magnétique. Il garde en main une photo de très petite dimension. La tourne et la retourne entre ses doigts. La laisse tomber dans la corbeille à papier. Puis, dans la salle de bains, une fois rasé, il essaie des grimaces; elles s'achèvent dans un rire.

Sonnerie du téléphone, c'est Walter. «Dirk et Anne-Marie m'ont donné la date de ton arrivée, dit-il, alors je me suis dit: jardin, barbecue, quelques vieux amis, c'est emballé et la soirée, c'est demain, ça te va? Je vais te donner l'adresse, c'est chez ma copine, elle a un grand jardin.»

Théo note les indications sur un carnet. «Pas marié?» demande-t-il. Walter rit: «T'es fou? Pour rejoindre le club des divorcés dans cinq ans? Sylvie et moi, on fait vie quotidienne à part; on vit ensemble séparément, si tu préfères. A part ça, heureusement que Dirk et Anne-Marie font souvent le déplacement et ramènent de tes nouvelles, sinon on ne saurait pas du tout ce que tu deviens.»

La conversation finie, Théo déplie sur le bureau une carte de la ville. Il cherche la rue où est installée la «Résidence des Roses». Sur le petit carton portant l'adresse, on n'a pas fait de frais inutiles pour expliquer les choses: «3e âge», pas un mot de plus.

C'est une grande chambre fraîche au bout d'un couloir dont le parquet ciré grince comme un oiseau des marais. Une jeune femme a conduit Théo depuis la réception: «Je m'appelle Saïda», a-t-elle dit, et plus tard, «quand je serai vieille, je voudrais être comme Madame Nelly, elle est tellement...» Et Théo a poursuivi: «Elle est merveilleuse, n'est-ce pas?»

Nelly est assise dans un grand fauteuil, Théo se penche, elle l'embrasse très fort, ils sourient. Nelly a toujours les yeux si clairs, la peau douce, l'air amusé. Elle dit: «Tu es fou» en découvrant le flacon de parfum qu'elle vient de déballer, et Théo met sur ses genoux un paquet de livres, «tu es vraiment fou».

Alors Théo lui demande comment elle va, comment elle vit ici, et elle raconte. Elle dit qu'elle a de la chance, c'est comme un minuscule appartement, elle est chez elle, et puis le jardin est magnifique et elle s'y promène avec Saïda chaque fois qu'elle peut. Elle dit aussi qu'elle préfère éviter les autres pensionnaires de la maison, ils sont de si mauvaise humeur, ou toujours si tristes, jamais contents de rien, certains sont complètement gâteux, d'autres sont méchants, c'est comme partout. «Mais je vais leur dire bonjour, tous les matins, je ne les veux pas ici mais je veux quand même parler avec eux; tu sais, Théo, même si les gens sont des emmerdeurs, il faut continuer à communiquer, c'est la vie; je te prépare un café?»

Pendant que l'eau chauffe dans le percolateur posé sur un frigo de chambre d'hôtel, Théo enlève ses chaussures, s'installe à l'indienne sur le lit. «Tu m'as souvent manqué», dit-il.

«Tu m'as écrit et chaque fois, ça m'a fait plaisir», répond Nelly en souriant. Puis: «Et tes parents, comment vont-ils? Je les vois moins souvent maintenant qu'ils vivent en province; on se téléphone toutes les semaines, cela dit.» «Alors, répond Théo, tu as plus de nouvelles que moi! Mais je suis passé chez eux, avant de venir à Bruxelles, on a passé presque une semaine ensemble et je les ai trouvés en forme.»

Nelly verse le café dans deux tasses, en offre une à Théo, et des biscuits dorés. «Revoilà le soleil», dit-elle. La pluie du matin s'était arrêtée à midi et, lentement, les nuages avaient commencé à se disperser; entre eux, des rayons de soleil se faufilent. «Il fera beau ce soir», dit Théo, et Nelly lui rappelle que c'est souvent comme ça à la fin du printemps et au début de l'été, pluvieux le matin, ensoleillé en fin de journée, drôle de pays.

Quelque part dans la grande maison, un cri se fait entendre, puis un autre, un autre encore. Long cri monotone, comme paisible. Puis le silence. «Tous les jours à la même heure, dit Nelly, on s'habitue; c'est une Polonaise, elle fait la sieste l'après-midi et elle se réveille en criant. Ses souvenirs l'ont rattrapée.» Théo dit: «La guerre, les camps?» et Nelly hausse les épaules: «Sans doute; mais elle n'en parle pas.» Puis: «Tu m'emmènes au jardin?»

Saïda, qui les a vus descendre, ouvre la porte, passe devant eux pour aller installer sous un arbre deux fauteuils pliants. Quand elle est repartie, Théo demande à Nelly si tout le personnel est aussi aimable que Saïda, et Nelly fait oui, «c'est une chance parce que dans d'autres maisons, c'est parfois affreux, des prisons, mais ici non, il y a beaucoup de jeunes femmes arabes, elles sont très gentilles, elles ne voient pas la vieillesse avec les mêmes yeux que nous». «Mais ce n'est quand même pas facile d'être vieux», ajoute-t-elle.

Théo a fermé un œil, il regarde le ventre clair des feuilles et le défilé des nuages sur fond bleu. «Pourtant, dit-il, tu as l'air heureuse, ça ne te choque pas si je dis ça?» Nelly rit. «Je suis ravie, répond-elle, parce que c'est vrai que je suis heureuse, en tout cas j'aime vivre, chaque journée qui commence me fait plaisir, ça doit être ça le bonheur.» Théo dit: «Peut-être que c'est aussi simple que ça. Et ta recette?»

Nelly se tait longuement. Puis, dans un sourire: «Mieux vaut commencer jeune.» Théo l'invite d'un regard à continuer. «Ce que je veux dire, poursuit-elle, c'est qu'il est difficile de se mettre à aimer la vie à plus de soixante ans; les vieux râleurs ont été de jeunes râleurs, les vieux frustrés ont en main les frustrations qu'ils ont accumulées au fil du temps.» Silence. «Tu te souviens de cette actrice, Bergman, Ingrid Bergman?»

Un peu surpris, Théo finit par dire oui. «J'ai trouvé

d'elle une petite phrase que j'ai trouvée belle, dit Nelly, le bonheur, c'est une bonne santé et une mauvaise mémoire.» Théo sourit et sort un carnet de sa poche; «je note», dit-il. Un peu de vent qui s'est glissé dans l'arbre fait tomber des gouttes, Théo s'essuie le nez de la main qui tient le stylo, et Nelly rit, «tu t'es mis du bleu sur la figure», dit-elle. Puis: «Tu continues à écrire?»

«Des poèmes, répond Théo, de petits poèmes.» «Tu n'as rien publié ces dernières années?» «Quelques textes dans des revues, rien d'autre. Mais je pense publier l'année prochaine un livre où je mettrai tous ces poèmes qui s'accumulent dans mes tiroirs. Tu sais, j'ai recommencé à enseigner, six mois par an, et ce sont quelques-uns de mes étudiants qui ont eu cette idée de publication, je leur donne des cours de français et un collègue leur a montré mes deux petits livres d'il y a longtemps.»

Théo est songeur. «Et ça te fait plaisir?», demande Nelly. «Beaucoup», répond Théo en retrouvant le sourire, «beaucoup plus que je ne l'aurais cru, et je sais maintenant qu'il ne faudrait jamais avoir honte d'essayer de faire quelque chose de beau, au contraire il faudrait en être fier.»

Nelly le regarde doucement: «Eh bien, Théo, est-ce que tu aurais enfin arrêté d'être tellement influençable, tellement soucieux de ne pas faire de l'ombre aux autres?» «Peut-être bien», dit-il en faisant de grands yeux de clown. «En tout cas, ajoute-t-il, je suis en train de m'offrir le luxe de prendre mon temps.»

«Enfin», dit Nelly. Puis: «Quel idéaliste tu étais! De tous les enfants à qui j'ai appris à écrire et à calculer, tu as été le plus contestataire, et aussi le plus aimable. Alors j'étais un peu inquiète pour toi, parce que les idéalistes doux finissent souvent par porter les péchés du monde sur leurs épaules, et ils n'ont pas toujours les épaules faites pour ça.» «En effet, dit Théo, c'était lourd, beaucoup trop lourd. C'est pour ça que, sans m'en rendre clairement compte, j'ai voulu m'éloigner; évidemment, c'est le même monde ailleurs, et il faudra encore que je change quelque chose. Un autre choix. En attendant, publier des poèmes, si inutile que ça puisse être, c'est tout de même une manière de dire: moi, je n'en veux pas de ce monde-là, je ne veux pas en faire partie sans réserves.»

Le soleil s'est déplacé de l'autre côté du jardin. Théo raccompagne Nelly à sa chambre. Café encore. Nelly demande à Théo s'il est bien remis de l'accident de voiture dont il lui a parlé dans une lettre, et il répond que ça va mieux mais qu'il a encore besoin d'un peu de repos et que c'est une des raisons pour lesquelles il est venu passer quelques semaines à Bruxelles.

«Tu es venu seul?», demande Nelly alors qu'il est prêt à partir. Théo ne dit rien. Une ombre. «Mmmm», fait-il avec un oui de la tête. Nelly l'embrasse. «N'en parlons pas», dit-elle. «Merci pour ces belles heures, dit Théo, et à bientôt.» L'ombre a disparu. Le temps est un cerf-volant qui bouge au bout d'un fil sans fin.

7

Planté au milieu des champs dans l'éblouissante lumière du soleil descendant, le bloc bétonné de l'hôpital universitaire a des airs de station d'essence pour soucoupes volantes. Théo cligne des yeux. On a modifié le tracé de la route, un rond-point apparaît où il n'y avait rien. Au-delà, ce sont les communes flamandes de la périphérie, les étendues vertes, les riches villas modernes au bord des petites routes, les fermes qui semblent sortir de tableaux anciens et où l'on vit comme en un autre siècle.

Théo fait demi-tour, comme pour regagner la ville si proche, puis il tourne à gauche, la route rétrécit, apparaissent les étangs. Théo s'arrête, quitte la voiture, va s'asseoir près du plan d'eau. Il ferme les yeux, écoute la musique. D'abord le peuple des canards, leurs murmures, leurs éclats, et des bruits d'eau. Puis le vent dans les arbres, liquide, et les rumeurs de la ville. Du ring qui, pas loin, enjambe un des étangs, viennent les ronflements assourdis des moteurs. Un vent léger mélange l'odeur de l'herbe à celle de l'eau, puis des voix ramènent Théo au temps qui passe.

Derrière lui, quelqu'un parle en mimant la colère: «Je t'avais prévenu, on court n'importe où, on glisse et on se salit!» «Alors qu'on vient de te donner un bain!», ajoute une autre voix, féminine celle-là. Théo se retourne, il voit le couple, trente ans, bien habillés, puis à leurs pieds dans l'herbe, une grosse taupe qui, en se redressant, devient un jeune chien à collier jaune. Le regard de Théo croise celui de la femme, lentement, puis celui de l'homme, plus lentement encore. Légère rougeur aux joues, regard ailleurs, l'homme hésite un moment puis se baisse, attrape la boule de poils et l'installe sous son bras. Plus loin, le couple retrouve la parole; Théo entend vaguement la jeune femme qui demande au chien s'il n'a pas eu trop peur du grand monsieur. Et Théo, sans pouvoir s'arrêter, se met à rire, de plus en plus fort, jusqu'à ce que des larmes roulent sur ses mains.

Pas loin des étangs se trouvent des cafés; dès le retour des beaux jours, des tables se dressent en ordre dispersé dans les prairies qui leur servent de terrasses. Tables rouillées, chaises déglinguées, pas de folklore. A deux pas, des vaches ruminent lentement. Théo s'est assis à une table près d'un arbre fruitier au tronc noueux et presque noir. D'un côté, c'est la campagne; des champs, des routes étroites, des fermes, des bouquets d'arbres. De l'autre côté, à peu de kilomètres à vol d'oiseau, les masses grises de trois grands immeubles indiquent que commence la ville. Théo a fermé les yeux. Il les rouvre au moment où arrive la serveuse, il lui demande un café, un morceau de tarte aux pommes, elle répète la commande avec un large sourire avant de repartir.

«Vous êtes étudiante?», lui demande-t-il quand elle revient. Elle dit que oui, et qu'elle travaille ici de temps en temps, quand elle n'a pas cours. «Quelles études?» La jeune femme explique qu'elle est dans une école de stylisme, qu'elle voudrait dessiner des vêtements, des objets. «Je croyais que tout le monde aujourd'hui étudiait l'économie, l'informatique», dit Théo. Elle sourit: «Presque tout le monde, c'est vrai, alors autant faire autre chose, non? De toute façon, je ne me vois pas en train de faire du marketing, du management et des choses pareilles.»

Silence. «Je comprends», dit Théo. «Votre café va être froid», dit-elle. «Merci», dit-il, puis: «Je m'appelle Théo, et vous?» «Je m'appelle Muriel.»

Avec la fin de l'après-midi s'installe une fraîcheur humide qui fait frissonner Théo. Le café est tiède. Un peu de vent soulève les pages de l'agenda posé sur la table. Là, des noms, des heures entourées d'un cercle; ici, des noms, des adresses, des numéros de téléphone. D'une de ses poches, Théo extrait une boîte métallique. Il y prend un petit cigare. Une allumette. Une deuxième, une troisième. A vingt mètres, la jeune femme en tablier blanc le regarde. Elle sourit, il hausse les épaules et range le cigare dans la poche de sa chemise. «Au revoir», lance-t-il en se levant pour quitter la prairie. «Bon vent!», lui répond-elle, et les sourires comme en écho vont d'un visage à l'autre.

8

Reprendre la petite route, laisser derrière soi les étangs et tout de suite passer au-dessus de l'autoroute où dans les deux sens filent des voitures en grand nombre. Un coin de ciel vire au gris, soleil encore partout ailleurs. Théo a allumé la radio. Après l'énoncé des embouteillages en train de se former ici, de se dissoudre là, une voix rappelle le programme de la soirée, une de ces voix faussement enjouées qui semblent n'appartenir à personne. Théo cherche une cassette puis s'arrête de chercher, l'introduction de la chanson à la radio retient son attention comme un lointain souvenir. *Ah qu'elle revienne, cette folie qui avait bouleversé ma vie...* Une grimace, ce n'est pas ça du tout, comme on peut se tromper parfois, la musique d'une cassette prend vite le relais et c'est déjà la rue où Théo s'arrête.

Des dépliants publicitaires, une lettre pour Nicolas. Dans l'appartement, un petit point rouge clignote, répondeur, un seul message. «C'est Sophie, dit une voix, je ne pourrai pas aller au barbecue demain soir mais j'ai deux heures libres dans l'après-midi, ça t'irait ? Appelle-moi au numéro...»

Théo pianote, c'est un répondeur. «D'accord pour demain après-midi, dit Théo, mais où, à quelle heure exactement? Tout me va, alors choisis et rappelle-moi, demain matin je suis là jusqu'à dix heures, ne laisse pas de message avant ça sur le répondeur, tu veux bien? Ça deviendrait idiot.»

Il y a quelques disques posés sur un meuble bas. Théo les regarde, s'arrête à *Sketches of Spain* de Miles Davis. Il règle le volume, s'allonge par terre sur le tapis, ferme les yeux. Pendant des moments sans minutes ni secondes, c'est le jeu du bord du sommeil, le corps qui flotte, les rêves qu'on tient d'une main et qui échappent un peu. Plus tard, Théo change de vêtements, quitte l'appartement. Dehors, sur le trottoir, des gens bavardent. Deux d'entre eux le saluent dès qu'ils l'aperçoivent, un homme et une femme âgés, des voisins. Théo dit qu'il fait beau, on lui répond, quelques instants se passent ainsi, à parler du temps qu'il fait, du temps qu'il fera, avant de se souhaiter bonne soirée.

Le ciel s'est un peu couvert et la lumière du jour décline lentement. Théo ouvre légèrement sa vitre, pour le parfum particulier de la pluie à venir.

9

Presque toutes les tables sont occupées. Les gens parlent dans la lumière dorée et la fumée des cigarettes. Théo trouve un tabouret juste à côté du grand piano ouvert. Une serveuse lui demande ce qu'il veut boire, il commande un café tout en faisant un léger salut au patron qui vient d'apparaître. Du doigt, il montre le piano et l'autre fait oui de la tête.

En fermant un œil, Théo verrait se dessiner dans la pénombre des silhouettes et des visages anciens, mais qu'en faire? rien, et rien du passé n'est plus intéressant que demain — même si certains soirs, demain est un jour lointain. Et hier, et les années passées? Lointaines, elles aussi, mauvaise mémoire, mauvaise mémoire...

Je suis heureux, dit Théo à voix très basse. Les souvenirs viennent et vont, se rapprochent avant de s'éloigner pour revenir plus tard, *L'Archiduc* est un bateau, les souvenirs des mouettes qui guettent l'heure où on leur jette les restes. Soudain, la musique des haut-parleurs s'arrête. Mal Waldron s'approche du piano, chacun voit l'autre et au même instant se prononce le même «hello!»

Dès le premier morceau, Théo se sent parfaitement bien. Les cordes du piano résonnent à quelques dizaines de centimètres de ses oreilles et son épaule vibre avec le piano. *Alone together* s'achève dans des éclats qui rebondissent, puis le pianiste allume une de ses longues cigarettes brunes, son regard croise celui de Théo, il lui sourit et c'est un sourire incroyablement limpide. Une autre bouffée. Il pose à nouveau ses mains devant les touches et puis, lentement, se met à jouer.

Plus tard, Théo lui demande, en anglais, si les bruits du bar et les conversations qui parfois se poursuivent ne le dérangent pas. Il dit que non, il ajoute que quand il joue, il n'entend rien autour de lui. «C'est très beau, votre musique», lui dit Théo; il répond «merci, merci beaucoup», avec un rire d'enfant.

Parfois, des gens quittent les lieux, et d'autres arrivent. Certains écoutent très attentivement, certains parlent sans faire attention à la musique. Mais pendant une heure, il n'y a rien d'autre que la musique. Sous les doigts du pianiste, les thèmes célèbres se déguisent, réapparaissent soudain pour mieux s'épanouir. Disparitions et retrouvailles, cette histoire qui est l'histoire de tout le monde.

Et la musique s'achève, et le musicien s'en va. Théo bavarde avec le patron. Le long morceau qu'il n'avait pas reconnu, c'est une composition de Waldron lui-même. «Ici, Mal n'est pas très connu mais il est très célèbre au Japon, il y joue souvent.» Théo s'étonne, un aussi remarquable musicien devrait être plus célèbre, mais l'autre lui dit que Mal est toujours vivant alors que beaucoup de jazzmen nés comme lui dans les années 20 sont morts, et donc célèbres.

«Tu t'appelles Jean-Louis?», demande Théo. «Jean-Louis, c'est ça, répond le patron, mais moi, j'ai oublié ton nom, ou bien je ne l'ai jamais connu, pourtant je me souviens de toi, il y a quelques années déjà, non?» «Quelques années, oui. Je m'appelle Théo. C'était une bonne soirée. Il y a déjà des dates pour ses prochains passages ici?»

Théo note dans son agenda les dates que lui dicte Jean-Louis. A la question de savoir si on trouve facilement des disques de Mal Waldron, Jean-Louis donne une réponse évasive: «Faut chercher ici et là; j'ai une liste de ses disques, si tu veux, je te la prêterai.»

Avec la nuit, de nouveaux arrivants remplissent le café. Debout, accoudés au bar ou appuyés à l'une des deux colonnes qui s'élèvent au centre de la pièce, les gens parlent et boivent, et les voix couvrent sans peine la musique enregistrée. Une fille grande et souple se penche pour mieux voir l'intérieur du piano, et son mouvement fait apparaître entre la jupe très courte et les bas une zone de peau dorée. Derrière elle arrive un homme. Pose la main droite sur l'épaule de la fille. Sa main gauche sur la cuisse. Bruits de verre brisé au bar, puis des rires. Théo glisse deux billets dans la main de la serveuse qui passe, va vers la porte, se faufile dans la nuit. Quelques pas du côté où est rangée sa voiture, puis il fait demi-tour, vers le centre.

10

Une foule compacte occupe la Grand-Place, gens venus de partout et n'allant apparemment nulle part. Tournant sur eux-mêmes, levant les yeux vers les tours, les hautes façades. Théo regarde les gens, s'arrête pour un parfum, une silhouette attirante. Plus loin, un orchestre venu des Andes a attiré un cercle de promeneurs, ils jouent bien, leurs voix sont belles, qu'est-elle devenue, Guadalupe aux dents nacrées, au rire sonore? On applaudit la fin du morceau, Théo met quelques pièces dans un chapeau qu'on lui tend. Peut-être revoir le saxophoniste dans les Galeries. Mais ce soir, c'est un jongleur, et aussi un chanteur noir accompagné par un guitariste, il chante avec une voix d'opéra des chansons populaires que les gens écoutent ravis. Pas de places libres aux tables que les cafés installent dans la galerie même. «Quel monde!», dit une voix à l'accent local. «Et il y en aura encore plus en juillet, ajoute une autre voix, c'est gai, toute cette animation.» Un homme souriant tend un appareil photo à Théo, «*me and my wife*», dit-il en montrant une vitrine tout entière dévolue au chocolat. Théo recule un peu, prend la photo. Phrases orientales pour le remercier et déjà

Théo est plus loin. Il se laisse doucement porter par le courant, se retrouve dans le passage étroit qui subsiste entre les tables de restaurant de la rue des Bouchers. Marcher ici les yeux fermés, pour deviner les plats consommés, cuisine aux aromates d'Italie, moules jardinières, plats chinois, poissons de mer. Théo sourit, pas question de fermer les yeux ici. Soudain, une goutte d'eau sur la joue. Théo lève les yeux vers l'étroite bande de ciel au-dessus de la rue, d'autres promeneurs en font autant. Bientôt, la pluie tombe. De plus en plus forte, elle ricoche sur les auvents de toile cirée qui protègent les gens attablés. Les autres pressent le pas, ouvrent des parapluies ou prennent la direction des Galeries où ils trouveront abri. La rue se vide de ses promeneurs, la nuit brille sur les pavés mouillés. A l'angle de la rue et de la galerie, une demi-douzaine de jeunes vendeuses de fleurs se protègent de la pluie, serrées les unes contre les autres; avant de poursuivre son chemin, Théo regarde un moment l'étonnant bouquet de fleuristes. Puis il part, en rêvant.

«On peut encore manger à cette heure-ci?», demande-t-il au serveur dans un petit restaurant. La réponse est oui, on lui apporte la carte, il y jette un œil tout en regardant des gens qui quittent leur table, de l'autre côté de la salle. Il ne fait pas assez clair, l'air est saturé de fumée, Théo se replonge dans la liste des plats italiens qu'on lui propose.

«Ma parole, tu es devenu myope, Théo!» Il sursaute. «Laura!» Et Laura l'embrasse, ils sourient tous les deux. «C'est incroyable de te voir ici», dit Théo et

Laura répond qu'elle allait en dire autant, que c'est drôle, la vie, elle venait de parler de lui en évoquant les gens qu'elle connaissait quand elle vivait à Bruxelles. «Je suis de passage avec des amis, poursuit-elle, quelques jours, et toi?» Théo répond en mélangeant tout, des vacances, quelques rendez-vous de travail, un peu de repos après un accident. «Nicolas me prête son appartement, je ne me sens pas touriste, ajoute Théo, et toi?» Laura loge à l'hôtel, tout près. «C'est incroyable», dit-elle encore puis elle ne dit rien et Théo ne trouve pas de mots. «Je te téléphone demain matin, maintenant je suis pressée, mes amis m'attendent.»

Le serveur prend la place de Laura. Théo demande une pizza. «Laquelle?» Théo se frotte la joue. «N'importe laquelle», dit-il. «Une pizza surprise?», fait le garçon. «Ça existe?» «Tout existe, monsieur», répond l'autre avec un sourire. «Va pour la surprise, alors!»

Le vent doux a effacé la plupart des traces de pluie. Les rues sont presque désertes. Sans se presser, Théo regagne sa voiture. Avant de lancer le moteur, il ouvre la musique. Sonny Rollins, le rythme chantant de la *Valse hot*. La Bibliothèque royale est une grande pierre blanche. Choses qui arrivent après la pluie.

11

Chère Carla, j'aimerais avoir beaucoup de choses à te raconter mais je n'ai pas encore vu beaucoup de gens. J'ai revu Nelly, qui va très bien. Quelle tristesse tout de même que de finir sa vie dans un home pour vieillards. Nelly est si jeune, c'est complètement injuste. Est-ce que les gens de notre âge ne réalisent pas qu'ils seront vieux un jour? Peut-être pas, après tout. On est tous comme ça, en train de s'agiter pour ne pas devoir se poser certaines questions. A certains moments, j'ai vraiment honte de la civilisation à laquelle j'appartiens. (On a déjà tellement parlé de ça, que dire d'autre?)

Migraines en régression, épaule toujours un peu raide. Quant aux souvenirs de l'accident, ce sont maintenant comme des photos. Lointaines, anonymes. Restent des battements de cœur incontrôlables quand j'entends une sirène d'ambulance. J'imagine (j'espère) qu'avec le temps, ça s'arrangera. Paraît qu'on devient tous plus ou moins sourds en vieillissant, alors...

Je ne sais pas si tu fréquentais *L'Archiduc*. J'y suis retourné et l'endroit me plaît encore plus qu'autrefois. Un musicien de jazz y joue du piano certains soirs. Magnifique. Il est américain, de la génération de Coltrane et il vit ici pour le moment. Il s'appelle Mal Waldron, si tu trouves des disques de lui, n'hésite pas! Il a une façon de jouer très personnelle, lyrique mais sans emphase, avec beaucoup de répétitions qui donnent à son jeu quelque chose de fascinant comme le mouvement de la mer.

Le temps à Bruxelles n'a pas changé. Et c'est encore et toujours un sujet de conversation fort répandu. En vingt-quatre heures, le temps peut changer trois fois. C'est peut-être ce qui explique le mieux le tempérament des gens, leur amabilité, leur prudence, un goût toujours aussi marqué pour le confort domestique. Dans les couloirs de l'immeuble, quand je pars ou quand je rentre, j'ai l'impression d'être dans un restaurant, et ce sont chaque fois d'autres odeurs. Appétissantes, il faut le dire. Si c'est belge, c'est cool: je devrais proposer ce slogan à quelqu'un, ça pourrait peut-être servir d'image de marque à ce pays qui, si j'en crois ce qu'on dit ici même, n'a toujours pas d'identité. Mais si ça permet aux gens de vivre en paix, pourquoi ne pas se satisfaire d'une image un peu floue? Je n'en parle plus jamais, mais au fond, je suis très content d'être de nationalité belge. Peut-être est-ce plus facile à dire maintenant que je vis ailleurs. Et d'un autre côté, toutes ces questions ne sont pas si importantes que ça. (Mais c'est une réflexion belge que je viens de faire, non?) Ce qui m'impressionne, c'est que Bruxelles soit devenue une vraie ville internationale en si peu de temps. Ce qui me rassure, c'est qu'elle est restée très provinciale. Paradoxe plein de charme. Depuis l'année passée, tu sais tout le mal que je pense des grandes villes. A mon avis, elles ne sont plus intéressantes qu'en tant que maladies. (En tout cas, elles me rendent malades.) Si les gens ici se donnaient la peine de comparer leurs embouteillages à ceux de Paris, ils n'oseraient plus jamais se plaindre. Comme tu vois, je me réconcilie avec l'idée de la ville grâce à celle-ci, qui n'est pas trop grande et où je me dis que la vie est plutôt douce.

Fin de cette lettre matinale (je me suis réveillé à l'aube à cause des rideaux — j'avais oublié de les tirer complètement en me couchant). Barbecue ce soir avec plein de monde connu. Te donnerai des nouvelles un de ces jours. Baisers.

12

«Fous de peinture», a expliqué Laura au téléphone, «alors voilà, mes amis ont décidé d'aller à Bruges ce midi et de filer tout de suite après vers Amsterdam, on va s'offrir une indigestion de toiles hollandaises, c'est idiot, j'aurais voulu qu'on puisse se voir, tu ne seras plus là à la fin du mois de juillet?» Théo a dit que si, qu'il serait encore à Bruxelles et Laura a dit qu'elle lui téléphonerait dès son arrivée, elle ne connaît pas encore la date précise, qui dépend d'une relation d'affaires qu'elle doit rencontrer ici avant le mois d'août. «Tu as changé, Théo», a-t-elle ajouté, et il a dit qu'il vieillissait, comme tout le monde mais Laura a répondu non en riant, «au contraire, tu as rajeuni». Théo a ri aussi, «compliment pour compliment, je trouve que tu es plus séduisante que jamais, et ce n'est pas peu dire». «Eh bien..., a fait Laura, sur ces belles paroles je t'embrasse et à très bientôt.»

Dix heures. De la pluie de la veille demeurent des nuages qui, de temps en temps, font écran au soleil. Jeux d'ombre et de lumière dans l'appartement. Dans les disques de Nicolas, Théo a trouvé un mini-album intitulé «Six jours à Barcelone». Lawalrée, des concerts autrefois, compose-t-il encore? peut-être trouver son numéro dans l'annuaire? Piano et des oiseaux. Comme un rêve. Un long voyage, une promenade dans un jardin.

La sonnerie du téléphone apporte la voix de Sophie, un rendez-vous en début d'après-midi. Et Théo quitte l'appartement. Il fait déjà chaud dans la voiture. Le plan de la ville n'est d'aucun secours, comment savoir si le magasin se trouve au début de la chaussée de Waterloo, dans Bruxelles, ou alors plus loin, à la sortie de la ville, et Théo choisit l'autoroute, sortir de Bruxelles pour y rentrer plus bas.

Les camions sont nombreux, vides, pleins, personne ne sait. Toutes sortes de couleurs au soleil. Une voiture, cent mètres plus loin, allume ses feux de détresse, Théo commence à freiner. La circulation s'arrête. Dans un hurlement de pneus, la voiture qui suit Théo s'arrête à un mètre de lui. Le type fait signe, pardon, un moment de distraction, Théo ferme les yeux, respire lentement. Cigarette. Les voitures se remettent en marche. Bientôt l'embranchement à prendre pour aller vers Waterloo, au milieu des plaines.

Et là, emprunter la route qui va vers le centre de Bruxelles en traversant les riches quartiers résidentiels du sud. Le magasin est discrètement annoncé et Théo passe deux fois devant sans le voir. Le trouve enfin, y passe une heure à examiner des disques. Cinq titres de Waldron en main, il demande à la caissière s'il n'y en a pas d'autres. «Une passion?», fait-elle en lui souriant. «Qu'est-ce qu'il y a d'intéressant dans la vie à part les passions?», répond-il.

13

En attendant Sophie, Théo s'est préparé un sandwich. Un des disques tourne déjà, et simultanément une cassette qu'il pourra écouter en voiture. Il en fera une autre pour Carla, nouvelles de Bruxelles au début de l'été. Bientôt Théo ferme les yeux, s'installe dans la musique. Dans l'enchantement.

Plus tard, pieds nus, assis sur le tapis, il bavarde avec Sophie. Petites phrases de retrouvailles, mots de passe pour savoir si l'on peut parler. Théo prépare du café, le sert.

— Je me demandais, dit Sophie, ton divorce, c'était juste avant que tu quittes la Belgique? Je ne me souviens plus très bien.

— Moi non plus, répond Théo avec un sourire. Je suis parti quelques mois après, pas tout de suite.

— Je n'ai pas très bien compris ce qui était arrivé, les autres non plus, je crois.

— Avec le recul, ça tient en une phrase: j'en avais marre de moi-même, et j'étais dans une histoire qui n'avait qu'un défaut, elle ne me permettait pas de changer.

— Je crois que je comprends, dit Sophie après un silence.

Elle s'est assise par terre comme Théo, a enlevé la pince qui lui retenait les cheveux. Elle dit qu'elle pourrait aller au barbecue mais qu'elle n'a pas envie de voir tout le monde pour le moment. Silence. S'y installe le piano puis la contrebasse envoie dans l'air ses pulsations, lourdes gouttes longtemps retenues. «Des problèmes?», demande doucement Théo.

— Je vais quitter Luc.

Théo diminue un peu le volume de la musique. Sophie regarde ses mains, reprend la parole:

— Je vais le quitter, au mois de septembre. J'ai loué un appartement, il ne sera libre que dans six semaines. J'en ai assez de lui. Je vais m'effondrer si j'essaie de continuer.

— Tu en as marre de Luc ou marre de la vie que vous vivez ensemble?

Sophie redresse la tête, regarde Théo avec un sourire terriblement triste.

— Bonne question, dit-elle, j'ai mijoté longtemps dedans. J'avais envie de croire que c'était notre vie que je n'aimais pas. Et c'est vrai qu'elle n'est pas très excitante, boulot pendant des mois puis trois semaines l'hiver dans une jolie montagne pleine de gens qui parlent boulot, et même chose l'été sous des palmiers — mais après tout, c'est encore une vie de rêve. Non, c'est lui que je ne veux plus voir. Petit à petit, j'ai perdu le respect que j'avais pour lui, tu sais, cette espèce d'admiration qu'on a pour la personne qu'on aime, une sorte de fierté, on est content d'être avec elle. Et ça, c'est fini. J'ai un peu honte d'être avec lui.

Théo se lève pour mettre un autre disque. «De l'eau, un coca?», propose-t-il. Sophie dit qu'elle veut bien un peu d'eau, Théo va en chercher à la cuisine.

— Qu'est-ce qui est arrivé?, demande-t-il.

— Rien. Une accumulation. Luc a bien fait son chemin. A trente-quatre ans, il est directeur d'un service dans une boîte qui marche bien. Gros salaire et cetera. Comme dans un télé-film. Les amis, ceux de ce soir, on les voit une fois par an, deux fois peut-être. Le reste du temps, les gens qu'on voit, ce sont des relations d'affaires. Des gens qui vous expliquent comment rouler le fisc légalement, comment faire tomber un rival, comment placer son argent pour qu'il rapporte plus... Et Luc n'est pas le dernier dans ce jeu-là. Ils étaient deux à vouloir le poste de directeur et Luc a expliqué un soir à ses amis comment il s'y était pris pour que ce soit lui qu'on choisisse. Ce soir-là, Théo, j'ai eu l'impression de tomber en poussière.

— C'est un monde difficile, dit Théo. Quand on commence à jouer le jeu, quitter la partie n'est pas simple.

— Je ne pense pas que Luc veuille quitter la partie; il a pris goût au jeu. Trois ou quatre mois après cette soirée, j'ai rencontré le collègue évincé, chez d'autres «amis», et je me suis arrangée pour le revoir ailleurs. Dans un lit, pour dire les choses ainsi. Et je me suis rendu compte que c'était un sale type, lui aussi, juste moins malin que Luc.

Sophie pleure. Théo se lève, s'approche d'elle. Lui prend l'épaule sans rien dire. Les larmes finissent par s'arrêter. «Il y aura des jours meilleurs, dit Théo, tu verras.»

Ils parlent encore un peu. Sophie dit qu'elle va aller en vacances chez sa sœur, puis qu'elle reviendra pour s'installer dans son appartement. «C'est si triste, dit-elle, mais je ne veux pas mourir de tristesse.» «Cela n'arrangerait rien, dit Théo, il y a sûrement mieux à faire.» Il l'embrasse, lui souhaite bonne chance. Elle a retrouvé son sourire. «Ça ira mieux», dit-elle en partant. Théo augmente le volume et la musique envahit l'appartement. Dans la poche de sa veste, il glisse une cassette. Pour la route. Pour la nuit.

14

C'est une longue rue bâtie de maisons pas très hautes. Valse dans le ciel de nuages avec soleil passager, en fin de journée. Sylvie occupe le rez-de-chaussée d'une maison des années 30, plusieurs pièces en enfilade, un jardin immense. Théo est arrivé en retard, envie de se glisser discrètement dans la fête du début de l'été. Une vingtaine de personnes forment plusieurs petits groupes et Théo va de l'un à l'autre, on pose beaucoup de questions, on se perd dans beaucoup de réponses, et l'on s'embrasse et des mains se serrent, doucement, distraitement, fortement. Walter et Dirk s'activent autour du barbecue, dans une fumée qui provoque des rires. Chaises et fauteuils de plage peuplent le jardin et Théo s'installe sur un transat décoloré. Quelqu'un crie que c'est prêt, qu'on peut se servir. Du pain, des fromages, des salades complètent le repas de viandes grillées, on s'assied, on grignote debout en parlant.

Et, longtemps, les conversations se font et se défont autour des nouvelles du jour et des vacances à venir. Dirk demande à Théo si ça va et Théo lui dit qu'il s'y perd un peu entre les histoires d'il y a longtemps et celles d'hier. «Et d'un autre côté, ajoute-t-il, à certains moment, j'ai l'impression de ne m'être absenté que quelques semaines.»

Sans avertissement, un pluie diluvienne se met à tomber. On emporte ce qui reste de nourriture, les bouteilles, les vêtements posés ici et là. En quelques minutes, la pluie noie la pelouse. En d'autres minutes, le vent disperse les nuages, et la pluie cesse à l'heure où commence la nuit.

Musique. On dansera, plus tard. Autres conversations, avec la pénombre et avec le vin, avec la fatigue et la fumée et le plaisir de parler sans compter. «C'est un vrai couple, ces deux-là, complètement maniaco-dépressifs — mais ils ont le sens du partage: elle dépressive, et lui maniaque..., ... c'est paradoxal, comme tout ce qui a trait aux humains finalement: les gens rejettent ce qui est différent mais, par contre, ils ont périodiquement besoin de quelque chose de nouveau, or ce qui est nouveau est différent..., ... et j'en ai marre, si tu savais, marre de ne plus avoir le temps de rien faire, je l'ai dit à Paul, ce n'est pas une vie mais, comme il dit, qu'est-ce qu'on peut faire d'autre et puis ils vont se fatiguer, ces jeunes loups qui ont l'air d'avoir été dressés pour la compétition, mais je n'en sais rien, on dirait qu'il n'y a rien d'autre qui les intéresse, ça me tue..., ... dans mon cabinet, je vois bien la différence, pour la génération de nos parents, le toubib c'est Dieu, pouvoir magie et compagnie; pour les moins de quarante ans, c'est le psy qui est Dieu; et les autres picolent, ce qui les ramène de toute façon à Dieu, je veux dire dans mon cabinet ou chez le psy du coin..., ... moi aussi je voulais écrire, et puis ça prend du temps et c'est un peu étrange alors qu'on va vers un réseau mondial de communications informatisées, presque désuet oui, c'est ça et pourtant, maintenant, je regrette un peu, je me demande..., ... si tu crois qu'il va changer, tu te mets le doigt dans l'œil, un type pareil ça ne change pas: tu le prends comme il est ou tu le laisses tomber..., ... et je le répète à mes élèves, le bonheur c'est tout de même autre chose mais je crois qu'ils ne m'entendent pas, un jour je vais tout laisser tomber, leur bonheur c'est un truc qu'on reçoit en prime quand on achète quatre pots de yaourt aux fraises des bois..., ... comme je te l'avais dit, bien sûr, c'est sa troisième, non, sa quatrième petite amie cette année-ci, elle est là, près de Julia..., ... et cette maison, je te jure qu'elle me sort de partout, le toit est à refaire, Vincent parle d'un procès mais tu imagines les ennuis, et puis où trouver l'argent..., ... quand on est seul, on est libre, c'est vrai — mais on est seul..., ... et pourquoi pas des cours de masturbation comme prévention du viol, OK je plaisante mais entre une femme pseudo-libérée qui a mis toute sa libido dans son boulot et un petit solo réussi, le choix n'est peut-être pas si évident que ça, tu ne crois pas..., ... et il a eu le culot, pour mon anniversaire, tu imagines, de m'offrir ce best-seller qui explique que le stress est une excellente chose et qu'au fond c'est la clé du succès, alors je lui ai dit merde, dans le resto, à haute voix, et j'ai déposé le bouquin sur ses fraises à la crème, c'était drôle, je ris encore quand j'y repense, quel con..., ... non, Théo n'a pas vu Carla récemment, je ne crois pas..., ... et ma mère commence à perdre la tête, comme sa mère, je l'ai prise avec nous une semaine et c'est les gosses qui ont demandé qu'elle s'en aille, c'est terrible, je ne sais pas quoi faire..., ... mais c'est un piège, tu le sais bien, ils vont t'exploiter un maximum avant de signer ton contrat et on finira par engager quelqu'un d'autre..., ... et qu'est-ce que ça peut faire si l'amour est aveugle, la passion du moins, après tout c'est rassurant à une époque où on passe tout au microscope et où le moindre événement s'étale sur les écrans..., ... comme le dit mon père, quand on n'a plus de désirs, c'est qu'on est mort ou en train de mourir — mais quels désirs, quels désirs? ce n'est pas si facile..., ... elle se réveille à minuit pile, l'horreur..., ... sinon c'est fichu côté émotion, rien ne passe..., ... et quand je travaille, je ne pense pas, c'est déjà ça de gagné, sinon je partirais et je ne peux pas imaginer ça, ne plus le voir, accepter une fois pour toute de vivre sans lui..., ... avec les enfants, si tu crois que c'est possible, mais je ne regrette rien, quand je pense à la vie avant eux, je me dis que c'était une vie vraiment futile, j'étais tellement égoïste..., ... alors elle m'a dit: peut-être bien que c'est truqué mais c'est agréable d'être là où les choses importantes se décident, au cœur du monde, ou du moins d'en avoir l'impression, et quand elle m'a dit ça, j'ai brusquement compris quelque chose qui ne m'avait jamais semblé très clair..., ... et maintenant, je dois t'avouer que je trouve ça tellement touchant quand il présente ma mère en disant «ma moitié, ma meilleure moitié», on n'oserait plus, ça n'aurait pas de sens mais..., ... moi aussi, j'ai laissé tomber la télé, ce cirque autour de la guerre c'était trop, depuis elle est là mais je ne l'allume plus et si on n'avait pas peur des mots, on le dirait platement: la télévision, c'est vulgaire..., ... et la roue tourne, c'est ce que je lui ai dit..., ... les gens, c'est nous, après tout..., ... et si tu crois qu'une autre aurait envie de baiser à minuit, tu peux y aller, je ne te retiens pas..., ... le plus petit a décidé qu'il deviendrait ministre, tu sais pourquoi? pour avoir un beau vélo, c'est formidable, il avait vu la couverture d'un magazine avec le Premier ministre en train de pédaler pendant les vacances de Pâques..., ... c'est simple, on a croisé une voiture et la conductrice a fait un signe de la main, un joli sourire, tu vois, un remerciement parce que je lui avais fait un appel pour dire qu'elle avait oublié d'éteindre ses phares, et sur ce Nadine commence à tirer la gueule, tu la connais, et moi, idiot, je me suis usé à lui répéter que je ne la connaissais pas, cette femme, et ça a duré, et un quart d'heure après, je me suis tranquillement arrêté, elle m'a dit: «qu'est-ce que tu fais?», et j'ai dit: «moi, rien, mais toi, tu descends ici»..., ... non, sincèrement, je crois que la vie était plus agréable il y a trente ou quarante ans, une société peut se tromper de route, comme un individu, tu as le choix entre deux ou trois chemins, tu choisis une large avenue et, trois kilomètres plus loin, tu es dans la décharge municipale..., ... avant j'avais le cœur qui faisait du 200 à l'heure quand je voyais passer une fille un peu attirante, maintenant je fais de la tachycardie, qu'est-ce qu'on a pu rire quand il a sorti ça, froidement, devant tout le monde..., ... et pourtant, il y a des paradis partout, on le sait et on l'oublie...»

Les lumières s'éteignent, Sylvie entre avec un gâteau illuminé. Une douzaine de voix martyrisent *Happy birthday to you*, qui se termine en hurlements et applaudissements. Dès lors la nuit se danse, jusqu'au matin.

15

Le soleil de midi fait des ricochets sur les voitures et les multiplie. Chargées, pressées, elles donnent des vacances qui commencent une image qui fatigue les yeux. La cassette emmène Théo au bateau Waldron, où il fait frais et où la vitesse n'est pas la hâte. Une bonne centaine de kilomètres à parcourir, peu d'importance s'il a un peu de retard à l'arrivée.

«Je suis contente que tu aies accepté de me conduire, Théo, vraiment, c'est une chance que tu sois là. Pas trop fatigué quand même?», demande la passagère. Et Théo dit qu'il aurait pu dormir deux ou trois heures de plus mais que ça va. «Quand mon père a téléphoné il y a deux heures, j'ai mis un moment à comprendre, je ne me souvenais plus de lui avoir dit que j'irais peut-être au mariage de Betty, poursuit-il, et je me demandais ce que c'était cette histoire, aller prendre Hélène à la station d'essence juste à la sortie de Bruxelles, ça ressemblait à une blague.»

Hélène rit. «Et une voiture neuve, dit-elle, trois pannes en un mois, et ce type, il était gentil comme tout, et je crois qu'il connaissait vraiment bien son métier, il était plus déçu que moi finalement de ne pas pouvoir réparer sur place, ce sont les merveilles de l'électronique, pour le dire comme lui.» Théo lui demande si la musique ne la dérange pas, elle dit que c'est très beau, qu'il peut augmenter le volume. «Si tu veux que je prenne le volant...», dit-elle.

Quand ils quittent l'autoroute, à une demi-heure du village où se rassemble la famille, Hélène demande à Théo s'il a encore des contacts avec les oncles, tantes, cousins et cousines. «Des nouvelles, dit Théo, des nouvelles par mes parents, ma mère m'écrit de temps en temps, des lettres immenses où elle raconte ce que deviennent les uns et les autres. Mais mettre des visages sur les noms...»

Les villes sont loin, toutes les villes. La campagne expose des couleurs d'été. Hélène demande à Théo quand il a vécu exactement dans la région. Il sourit, dit que ça demande réflexion. Puis, lentement, comme tournant des pages, il explique: «Je suis né par ici mais peu après, mes parents se sont installés sur la côte, avant de revenir pour quelques années. Puis on a vécu à Bruxelles, dans la banlieue, j'avais quinze ans, et plus tard j'ai été faire mes études en pays flamand. Le reste, tu connais, non?» Hélène fait oui et puis: «Ça fait combien d'années que tu es parti?» Théo ne répond pas. Il sourit.

Et posant la main sur la cuisse d'Hélène, il dit:

«Je vais te confier un secret: je ne compte jamais en années.»

Ils arrivent alors que le repas va commencer. Théo se laisse emporter par la chaleur du jour et des gens. Plus tard il ira, seul, se promener.

16

Milliers de craquements minuscules dans la forêt et c'est pourtant le parfait silence. La ligne droite du sentier va vers la frontière, invisible à l'ombre des arbres. Va vers le soleil, les choses sans nom et la solitude des jours d'avant, où se glissaient la peur, l'ennui et puis d'incroyables bonheurs. Le lézard attrapé il y a trente étés court encore, et dans le lit asséché du ruisseau, les traces de pas ont des reflets d'or. Jeux d'enfant, jamais finis.

Théo marche longtemps. On a abattu quelques arbres récemment, leurs troncs immenses s'allongent dans les fougères. Paradis des parfums. S'endormir un peu. Et plus tard, regagner le village en traversant les prairies, les herbes sous le vent. Hélène est assise sur un petit mur, pas loin de la voiture. Fait un signe de la main à Théo quand elle le voit arriver. «Tout va bien?», fait-il, et Hélène répond par un sourire. «Le vin me fait un peu tourner la tête, dit-elle, et j'ai devant moi une soirée qui risque d'être longue, avec des collègues, on fête la fin des cours.» «On rentre?», dit Théo. «On rentre.»

Et dans la voiture, Hélène raconte à Théo qu'elle est sortie de la maison pour prendre l'air et aussi à cause d'une conversation qui l'énervait, à propos d'informatique, des mérites comparés de toutes sortes de PC. Théo l'écoute. Puis raconte qu'il a publié récemment un poème qui s'appelle *I am my Personal Computer, dear.* «Un beau titre, dit Hélène, ça doit être drôle.» «Ça dépend pour qui», répond-il en riant. Et Hélène lui dit que ce serait bien s'il lui en envoyait une copie, elle pourrait l'offrir à son mari. «Très intoxiqué?», demande Théo. «Quand on s'achète un portable pour partir en vacances, ça veut dire quelque chose, je suppose...» Théo glisse une autre cassette, règle le volume. «Mon Dieu, dit-il, comme c'est difficile, le progrès.» Hélène fredonne, puis demande à Théo s'il peut repasser la chanson, elle aime beaucoup la musique, les paroles sont belles. «Je suppose que ça s'appelle *Déjeuner en paix*?», dit-elle, et Théo dit que c'est bien ça, que c'est un texte de Philippe Djian pour son copain Stephan Eicher.

«Tu sais, dit-elle après la chanson, que Rémy parte même avec trois ordinateurs en vacances, je m'en fous maintenant, et je pars seule, de mon côté, pendant que les enfants font des camps sportifs. J'ai failli quitter Rémy il y a quelques années, c'était si morne la vie avec lui, de jour comme de nuit... Mais c'est un bon père. Il se force un peu mais il apporte vraiment quelque chose aux gosses, ce n'est pas peu. Moi, je me débrouille. J'ai deux amies et deux amis très proches, on se voit beaucoup.» Théo enlève ses lunettes de soleil. «L'amitié gagne du terrain», dit-il. «C'est-à-dire?» Théo se frotte le nez, geste familier. «C'est une question d'évolution, dit-il, j'ai l'impression que les relations sexuelles perdent de leur importance et que les relations d'amitié en gagnent. Mais ce n'est peut-être qu'une impression. N'empêche, pour beaucoup de gens que j'ai rencontrés, le meilleur de la vie, ce n'est pas ce qu'ils vivent avec leur conjoint-compagnon-copain de plumard, c'est plutôt ce que leur apporte la complicité d'une amitié avec quelqu'un de l'autre sexe.» Hélène attend un peu, silencieuse, avant de dire: «Peut-être bien.»

Et puis: «Avant, il y avait le mari, les amies et l'amant. Et maintenant, l'ami remplace l'amant, si je suis ton idée?» «Et on continue à faire l'amour avec le mari, parce que c'est plus sûr...», poursuit Théo en riant. «Tu remets la cassette de ce pianiste de jazz qu'on a écoutée à l'aller?», demande Hélène.

Musique. Bruxelles en vue. Peu de voitures dans cette direction. Hélène a pris le boîtier de la cassette, lit les titres des morceaux qui se succèdent. «Celui qu'on vient d'entendre?» Théo répond: «*Lonely*. C'est un morceau composé par Waldron lui-même. Je le trouve tellement beau. Je sais déjà que je l'aimerai toujours.»

«Tu crois que ta voiture sera réparée?», demande Théo en s'engageant sur la voie qui mène à la station d'essence. «Évidemment, dit Hélène, j'ai eu le vendeur au téléphone avant que tu arrives et il m'a juré qu'il serait là dans l'après-midi avec les pièces nécessaires.» Silence. Puis elle ajoute en riant: «C'est Rémy qui fait sa comptabilité — qui gère sa fraude fiscale, pour être précis —, alors, comme par magie, il répare vite.» «Et mal», fait Théo. «Vite et mal, dit Hélène en écho, mais ça m'a donné le plaisir de te revoir.»

«Plaisir partagé», dit Théo par la vitre ouverte en déposant Hélène. Sa voiture démarre comme prévu. Ensemble et séparément, ils empruntent la dernière portion d'autoroute. Dans leur dos, le grand spectacle du soleil s'achève en bulle de mercure orange. Splendeur du jour.

17

Théo s'est réveillé longtemps après l'aube. A trouvé un grand ciel bleu et, très loin, quelques dessins de nuages. Café et jus d'orange. Par la fenêtre ouverte s'infiltre le chant mêlé des oiseaux. Enfiler un T-shirt, allumer une cigarette. Juillet. Il commence une lettre à Carla, ne va pas au-delà de «Chère Carla» et laisse ainsi la feuille sur le bureau. Ce soir, Mal Waldron. Son visage de pharaon sage brille en noir et blanc sous le plastique transparent qui protège un de ses disques, posé sur la table basse du salon.

Plus tard, dans la salle de bains, Théo laisse couler l'eau de la douche jusqu'à ce qu'elle soit à bonne température avant de se glisser sous le jet. Reviennent soudain en mémoire les rêves de la nuit écoulée, corps et visages, scènes incomplètes, et des paroles, et des regards. Théo quitte la douche. Étourdi, perdu. Il dit «un, deux, trois» à haute voix.

Corrige: «Une, deux, trois.» Sans se sécher, il va mettre de la musique. Les cuivres de Carla Bley rebondissent sur les murs. Trombone, éléphant, pleurer et puis des rires tonitruants. Théo va chercher de quoi se sécher, laissant sur le tapis deux taches qui n'en forment qu'une quand il revient.

Après un repas de fromage et de fruits, il extrait d'un sac de voyage quelques livres qu'il feuillette, pour garder *En ce moment précis* de Buzzati, *L'Archéologue* de Philippe Beaussant et *Selected Letters of Raymond Chandler.* Retrouvailles. Lente lecture, jusqu'à la fin de l'après-midi. Le plus ancien voyage, à dos de mots imprimés, remet encore une fois à égalité le temps et l'espace.

Dehors, l'air colle à la peau moite et, au centre de la ville, la chaleur appelle l'orage. Coup de sonnette inutile, la lourde porte de *L'Archiduc* est ouverte. Théo la franchit quand tombent les premières gouttes de pluie sous le ciel devenu noir en un instant. Le pianiste joue déjà. Musique de nuit. *You go to my head.* Théo fredonne les mots, «*and it lingers like a haunting refrain...*», Jean-Louis le salue d'un signe de la main, lui offre son sourire tranquille. Une douzaine de personnes assises, un type au bar qui explique au grand gaillard qui lui sert un autre verre qu'il n'y a pas de saison des pluies en Belgique parce que c'est toujours la saison des pluies. Reflets des lampes sur les cuivres, sur le vert des murs. Le morceau s'achève, Mal Waldron relève la tête. «Hello, how are you?», demande Théo. «A bit tired, répond-il, I was in London last night.» Et recommence la musique.

Théo n'y entre pas tout de suite. Il regarde les gens. Un homme qui ferme les yeux, cinquante ans, un habitué, l'air un peu triste. La serveuse apporte à Théo le thé au citron qu'il a demandé; une jeune femme, seule à la table voisine, lui dit: «Salut Sylvie, tu n'as pas vu Arno?» et Sylvie répond: «Pas aujourd'hui.» Très absorbé, un homme aux cheveux tressés façon rasta suit la musique note à note avec de petits mouvements des lèvres, la fille qui est avec lui rêve un peu en lui caressant la jambe du bout du pied. Dans l'ombre demeurent des choses qui sont d'ombre, et douce est la lumière. *Nice work if you can get it,* Mal Waldron marmonne en jouant, lentement, vite. Un homme lisse sa moustache anglaise, les yeux fixés sur le clavier, une main battant la mesure, l'autre main sur celle d'une femme immobile. Que la musique ne finisse pas. Qu'elle dure toujours. Théo s'allume une cigarette, se masse l'épaule. Sylvie, au bar, sourit toute seule, regard au loin.

Le musicien s'est levé. On l'applaudit, très fort. Il s'assied près de Théo, Jean-Louis lui apporte un grand verre où brillent des cubes de glace. Impossible de croire qu'il est fatigué. Théo lui dit qu'il a trouvé quelques-uns de ses disques, il lui en parle mais de certains d'eux il se souvient mal, il en a enregistré près de trois cents, dans tant de pays. «I'm a stranger in a strange land», dit-il avec un rire sonore, très particulier, un rire qui est un peu hors de lui. Puis il dit qu'à l'étranger, il faut rester attentif comme un enfant, parce que tout est différent d'un endroit à l'autre. Une femme vient d'entrer, qu'il salue par son prénom avant de la rejoindre au bar. Théo sort d'une poche un agenda et en tourne les pages distraitement. Hier et demain font cligner les yeux. «Tout va bien?», demande-t-il à Jean-Louis qui passe à côté de lui. «Bientôt un bébé!», répond-il à mi-voix, les yeux brillants. Théo sourit, lui dit que c'est la meilleure des meilleures nouvelles. A nouveau assis devant le piano, Mal regarde devant lui, parfaitement immobile, détendu. Moments. Puis ses longs doigts se posent très doucement sur le clavier. D'un thème de Brahms, ils vont faire un tour du monde. Puis des gens arriveront, qui ne connaissent rien de cet homme qui joue sans que rien ne le trouble. Théo lui posera encore des questions silencieuses et les réponses seront dans la musique ou nulle part ailleurs. La nuit tournera sur elle-même, toupie lente qui ne tombe pas. Mal Waldron jouera un dernier morceau, il le joue souvent, *Someday my prince will come*, l'élégance inimitable de l'espoir. Applaudissements comme une cascade, il sourit, hésite à se lever. Théo s'est approché de lui. «Do you remember *Laura*?» Il ne répond pas mais ses doigts se mettent à chercher des accords et lentement, la mélodie apparaît, un enfant qui commence à marcher et bientôt, il danse.

18

Chère Carla, c'est d'un monde liquide que je t'écris. Quelle pluie ! Elle tambourinait si fort aux fenêtres ce matin qu'elle m'a réveillé. Pas très gai, un début de journée avec le souvenir, brusquement, des longs mois de longues pluies. L'hiver avec le corps coincé dans des masses de vêtements. C'était peut-être ça le pire : le mauvais temps qui limite les mouvements, parce qu'il y a, à part ça, un charme étrange et très fort dans ce climat. Les nuages... J'ai retrouvé les plus beaux nuages du monde. Mes châteaux dans le ciel. Et le vent qui le traverse en courant et le repeint en bleu en deux temps trois mouvements. C'est quand il pleut sans cesse pendant des jours que c'est pénible.

La météo, elle, toujours optimiste, annonce de beaux jours et invite à cultiver ces vertus locales que sont la patience et la-bonne-humeur-en-attendant.

Le cinéma des Galeries m'a donné l'occasion de revoir cette merveille qu'est le film de Bruce Weber consacré à Chet Baker. Et c'est en écoutant les chansons de *Let's get lost* que je t'écris. En sortant du cinéma, avant-hier soir, j'ai rencontré un bonhomme rigolo. Il avait assisté à la projection et on quittait le cinéma en même temps. Brusquement, je l'ai vu se précipiter sur une femme qui passait à deux pas, dans la galerie. Il l'arrête, lui fait un grand sourire, lui demande si elle peut ne pas bouger deux secondes, le temps qu'il note. «Noter quoi?», fait la femme, pas choquée mais un peu surprise. «Noter vos déclarations», lui dit le type en pointant l'index sur son T-shirt. Elle lui dit: «Pourquoi pas? Si ça vous fait plaisir...» Et lui, sur un petit carnet, recopie la phrase, qui est assez longue. «Je peux voir la fin?» Comme le T-shirt est glissé dans un pantalon, il y a effectivement la fin qui est invisible. «Mais peut-être que vous la connaissez par cœur?», dit le type, toujours souriant. «Faites des vagues!», lui dit la femme. «Vous voulez que je fasse des vagues? Ici?» Et la femme éclate de rire avant d'expliquer que c'est ça la fin de la phrase: «*Make waves.*» Je te passe les détails mais on s'est retrouvé, le type au carnet, la femme aux vagues et moi dans un café des environs et on a passé un bon moment à bavarder. Le type nous a montré une partie de sa collection. Il rassemble depuis quelques années toutes les «déclarations» qu'il trouve, sur des vêtements, des autocollants, des emballages, des sacs, et cetera. Impressionnant! C'est l'histoire de la génération solitaire, dit-il. Sa préférée est très répandue, mais il la trouve significative: «Ne me suivez pas, moi aussi je suis perdu.»

Il y a quelques jours, j'ai à nouveau été écouter le pianiste dont je t'ai déjà parlé. Et les mots me manquent pour dire à quel point j'ai aimé cette soirée. Quand un pianiste de jazz joue un thème ancien et très connu, *Night and day, Smoke gets in your eyes, My funny Valentine,* tu vois l'effet que ça produit en général: nostalgie et compagnie, et il n'y a pas grand-chose à écouter à part ça, on entend la nostalgie et un peu de virtuosité si le musicien est bon technicien, et c'est tout. Mal Waldron, c'est autre chose. C'est un vrai créateur — la race qu'on dit en voie de disparition, mais je crois qu'il n'y en a jamais eu beaucoup, des gens qui inventent quelque chose, qui sont vraiment personnels. Sa musique crée des désirs, je ne vois pas comment le dire mieux.

Je sais bien que je t'ai promis des nouvelles détaillées des amis revus ici. J'en ai revu plusieurs autour d'un barbecue. Et rien n'est aussi difficile que de parler de gens qu'on a bien connus et qu'on n'a pas vus pendant longtemps. Par où commencer? Par qui? J'aurais préféré que tu me demandes des nouvelles de l'un ou l'autre en particulier. Je suis d'ailleurs persuadé que tu n'as pas besoin de nouvelles de «tout le monde»; qui s'intéresse à «tout le monde»? Mais je vais faire un effort pour toi. Et tu pardonneras les clichés, les banalités et les approximations.

Dirk & Anne-Marie, rien à dire puisqu'on est resté très proches. Ils vont bien, s'entendent bien. Couple dont on se dit qu'on en voudrait un du même genre. Et ce sont de bons amis. (De vrais amis. Je n'en connais pas de meilleurs.) Les autres? Walter a rencontré une fille très sympa, Sylvie, c'est chez elle qu'avait lieu la soirée; ils vivent ensemble mais pas sous le même toit. Et semblent s'en porter fort bien. Sophie, que j'ai vue ailleurs, va vraisemblablement quitter Luc; usure, respect perdu — pour lui, et pour elle-même si elle reste avec lui. L'histoire est trop longue pour que je la raconte. Tu te souviens de

Julia ? Elle a divorcé il y a trois ou quatre ans, puis elle a vécu avec quelqu'un, ils ont eu un enfant, et maintenant elle vit seule avec sa petite fille; elle a trouvé un job qui lui permet de voyager beaucoup et comme sa mère a perdu son mari, c'est chez elle que vit la petite la moitié du temps. Sarah et Marco étaient aussi à la soirée. Il a laissé tomber son job, c'était archi-mal payé et l'université allait de toute façon devoir réduire le budget consacré à la recherche. Et tu sais ce qu'il fait ? Il a ouvert un resto avec Sarah. Et ça leur plaît beaucoup.

Qui encore? Florence et Paul ressemblent à une pub pour l'ennui. Paul m'a donné des nouvelles d'Yves. Je suppose que tu sais qu'il avait obtenu la garde de ses enfants. Il y a deux ans, il s'est remarié et comme sa femme avait elle-même des enfants, ils sont cinq; et bientôt six. Paul m'a parlé d'eux avec enthousiasme, jusqu'au moment où Florence l'a rejoint. A de rares exceptions près, plus personne ne voit personne ces temps-ci. La vie qui va trop vite... Le barbecue était pour beaucoup une soirée de retrouvailles. On aurait pu mettre une affiche avec l'inscription «C'est la vie qui veut ça». Mais la soirée s'est terminée de façon très agréable, et il y aura bientôt un autre grand meeting: plusieurs anniversaires tombent à peu près en même temps et Vincent & Evelyne invitent tout le monde à cette occasion dans la maison des parents de Vincent, quelque part à la campagne. J'y serai.

Club des solitaires: Delphine, Christian, Éric. Très contente d'être libre, très triste d'être seul, jamais seul mais toujours avec quelqu'un d'autre. Et j'oublie

Édith, qui continue imperturbablement à être amoureuse de ce type dont le nom m'échappe — et qui lui échappe encore et toujours. Veut pas se marier, revient, repart. Et Édith attend. Leur histoire, tragicomique, a été le sujet de conversation numéro un de tout le monde pendant longtemps, paraît-il, mais chacun s'est lassé et rien ne dit qu'Édith trouvera encore facilement quelqu'un à qui demander les conseils qu'elle ne suit pas.

Tu m'en voudras si j'arrête là ? Les sagas avec trop de personnages me fatiguent un peu. Comme tu sais, j'aime les gens mais pas en troupeau. Et un souvenir m'est revenu, une histoire qui m'est arrivée à Paris la dernière fois que j'y suis passé. Peut-être que ça t'amusera.

J'étais là pour deux jours avec une amie hollandaise, Sonja. J'avais un rendez-vous quelque part dans le sixième, on arrive dans le quartier, en voiture, et je demande à Sonja de jeter un œil sur le plan parce que je ne me souviens plus exactement de l'endroit où se trouve la rue. Sonja me dit: «Arrête-toi une seconde, il y a quelqu'un là, je vais demander.» Je m'arrête, Sonja fait signe à une femme qui passe, celle-ci s'approche et Sonja lui demande où se trouve la rue machin. L'autre réfléchit une seconde, fait un geste pour dire qu'elle voit où c'est et se met à farfouiller dans ses poches pour en extraire un grand carnet et un crayon. Une muette! Dix mille personnes dans un rayon de trois cents mètres et on tombe sur une muette! Derrière nous, tu imagines la bonne humeur des gens. Et on était dans la voiture de Sonja, immatriculée aux Pays-Bas... Tu connais l'amour des

Parisiens pour les étrangers, je ne te fais pas un dessin. Coups de klaxon furieux, injures qui commencent à fleurir, et pendant ce temps-là, Sonja, qui est une fille patiente et toute d'amabilité, essaie d'aider la muette, qui laisse tomber son crayon à l'intérieur de la voiture avant de recommencer à se perdre dans ses dessins. J'ai cru qu'elle était également sourde: tout le raffut derrière nous n'avait pas l'air de la troubler un instant. Finalement, un type qui passait par là à pied a compris ce qui arrivait, il est venu de mon côté, m'a vite expliqué le chemin. J'ai laissé Sonja remercier la femme, je l'ai remerciée aussi, et on est parti sans traîner. Plus tard, Sonja s'est mise à pleurer, et comme je ne me sentais pas non plus très en forme, je l'ai fait rire. Et le soir, on riait encore. Il y a des jours où on voit bien que c'est Tex Avery qui a inventé le monde. Je t'embrasse. Théo.

19

Le soleil a refait surface et des jours humides et frais ne demeurent que les vêtements déroutants de quelques distraits qui attirent les regards. Chaleur sèche, lumière qui fait trembler le contour des immeubles. Trop chaud dans la voiture pour poursuivre la promenade au hasard des rues. Théo hésite. Retourner au Bois de la Cambre, refaire la promenade de la veille ? Il choisit une marche tranquille, de l'avenue de la Toison d'Or au Palais de Justice. Le paysage, ici aussi, s'est modifié et Théo ferme les yeux pour retrouver les images anciennes. Qu'importe. Il s'installe à une terrasse avec un journal qu'il vient d'acheter. Jus de fruit très frais. Deux hommes s'installent à la table d'à côté. L'un d'eux, plissant les yeux, essaie de lire le titre coupé en deux de la première page. Théo enlève du journal le cahier consacré aux activités culturelles et tend le reste à son voisin avec un sourire. « Je vous en prie », dit-il. L'autre s'étonne, « mais vous ne l'avez pas encore lu, je ne voudrais pas... » et Théo lui dit qu'il ne lit jamais que les pages de cinéma et de musique. Remerciements, retour du silence. Jolies femmes qui passent. Théo se lève, va reprendre sa voiture et quitte le centre de la ville. C'est bientôt les étangs, à l'ouest, puis la campagne et la petite route qui mène aux tables qui poussent dans l'herbe.

Un très jeune homme avance en portant au bout de chaque bras un plateau surchargé. On l'applaudit quand il arrive à bon port, et il rougit un peu en déposant les bières rousses et les grandes portions de fromage coupé en cubes. Des enfants jouent plus loin. Théo commande du café. «Muriel ne travaille pas aujourd'hui?», demande-t-il. Le garçon cherche ses mots, Théo répète la question en flamand, il apprend que Muriel sera là dans une demi-heure. Quand elle arrivera, il lui fera signe de loin, elle viendra jusqu'à sa table et il lui dira qu'il l'attendait, qu'il voudrait l'inviter à aller manger avec lui. Elle hésitera un instant, lui demandera quand. Ce soir. Impossible. Demain midi? Oui. Il sera là.

20

Grand silence tranquille de la maison endormie. Théo mange une pêche, le jus parfumé coule sur ses doigts. En allant se laver les mains, il remarque le signal lumineux du répondeur. Dans la salle de bains, en laissant longtemps les mains sous le jet d'eau, il fredonne quelques phrases d'une chanson, ... *and it was no more than a firefly in the night...*

Voix de Walter. Florence l'a appelé: Paul est à l'hôpital, un infarctus, il est mal en point mais il s'en sortira. Paul a demandé que Théo vienne le voir, il faudra téléphoner à Florence, ou directement à l'hôpital. Théo repasse le message pour pouvoir noter les numéros de téléphone. Puis il met un peu de musique en fond sonore, le piano de Keith Jarrett envahit discrètement la pièce. Il s'assied dans un fauteuil. Trop tard pour appeler Florence. Lui dire quoi, de toute façon? Lui demander comme ça, en pleine nuit, pourquoi Paul veut le voir? Cigarette, verre d'eau. Théo se couche. Le sommeil tarde à venir. Chasser les souvenirs des nuits dans la chambre blanche, mais d'autres souvenirs alors reviennent, de la paix, des jours qui n'auraient jamais dû finir, et c'est pire encore. Théo se lève. S'habille. Quitte l'appartement. Arrivé à l'autoroute, il se laisse bercer par le rythme du moteur. Nuit très douce.

Sur le parking désert d'une aire de repos, il s'arrête, fait quelques pas. Demi-lune. Il arrose longuement un buisson en regardant les étoiles lointaines qui tremblent un peu. Regagnant la voiture, il s'arrête à des bruits souples dans l'obscurité. Découvre des yeux de chat qui brillent à quelques pas. Il s'assied dans la voiture. Bientôt, le chat apparaît, puis un autre et un autre encore. Théo les compte, il y en a sept, ils font un demi-cercle autour de la voiture. Il sourit. « Va falloir que j'y aille, dit-il tout bas, mais je resterais volontiers avec vous. » La voiture démarre. La nuit est très douce, très lisse.

21

Une secrétaire vient d'apporter du café, qui fume sur un coin du grand bureau. L'homme qui reçoit Théo décroche le téléphone qui sonne. Brève conversation, puis il s'excuse, on a besoin de lui, il n'en aura que pour quelques minutes. Théo marche un peu dans la pièce, jette un œil sur les livres qui s'empilent dans la bibliothèque. La fenêtre est grande. Elle encadre le bleu très limpide du ciel. Matin d'été. Pensée pour Edward Hopper. Ouvert parmi des feuilles en pagaille, le dossier dont il va être question retient l'attention de Théo. Des mots en marge, griffonnés. Deux pas pour être dans l'axe. Une écriture à l'encre noire, une écriture au crayon. Des phrases courtes: «Prendre RV avec responsables du projet», «Si accord, imputation sur article 131 005.» Puis: «Retours pour le Min.?», «Appuis?» et, plus bas, renvoyant à un extrait souligné du texte, une dernière note: «Excellente idée, à garder.» Théo reprend sa place face au bureau. Allume une cigarette et boit le café.

L'homme revient. Quarantaine d'années, fatigué, l'air préoccupé. Il boit son café, pose à Théo des questions générales, se détend peu à peu. Puis, longuement, il parle du projet. «Vous l'avez étudié attentivement», lui dit Théo. «Oui, répond le fonctionnaire, mais je ne suis pas sûr que ça va marcher, il y a des aspects politiques qui...» Théo l'interrompt pour dire qu'il voit de quoi il parle. «Rien n'a changé», ajoute-t-il avec un demi-sourire. «C'est mieux ailleurs?», demande l'homme après un long silence. Théo se lève, va regarder par la fenêtre. «Comment vous dire? Les politiciens ne sont pas des saints, ni ici ni ailleurs — et tout le monde sait qu'ils mentent. Mais la bêtise de la plupart des politiciens belges... Peut-être la situation est-elle plus mauvaise ailleurs, mais ce n'est pas une raison. Au contraire. A mon avis, on a toujours tort de tolérer la bêtise, de la trouver normale et d'en sourire.»

Le fonctionnaire a écouté sans bouger les phrases calmes de Théo. Il achève son café, fait la grimace parce qu'il est froid. «C'est un pays de marchands, dit-il, pas un pays d'intellectuels; ça a ses inconvénients mais...» «Mais ça a de bons côtés, je suis le premier à le reconnaître», poursuit Théo, qui ajoute que sa colère est viscérale, instinctive. «Je ne devrais plus boire de café, dit l'autre, j'ai un ulcère à l'estomac et mon toubib me dit de changer de métier depuis des années. Comme si c'était facile... C'est un pays de vieux ici, pourquoi voudriez-vous que les politiciens pensent à l'avenir? Pour qui feraient-ils cela? Pour les petits Arabes qui deviendront grands si Allah leur prête vie dans la pluie belge? Et je ne suis pas raciste! Si ça dépendait de moi, je ferais tout pour qu'ils puissent s'intégrer le plus vite et le mieux possible. Ce serait la seule chose à faire, par idéalisme et surtout par réalisme.» Il se tait, sourit. «Si on m'entendait...», dit-il, puis: «Je vous invite à déjeuner, on pourra parler un peu.» Théo le remercie en disant qu'il n'est pas libre et se dirige vers la porte. «Je vous envie», dit le fonctionnaire. «Parce que j'ai quitté la Belgique?», demande Théo. L'autre sourit. «Parce que vous êtes en vacances», finit-il par dire. Devant les ascenseurs, Théo tambourine des doigts sur le mur. «Joli marbre», dit-il, et le fonctionnaire fait «Oui, très joli...».

Dehors, le soleil escalade le ciel. La voiture de Théo est brûlante, il ouvre les vitres, attend quelques instants avant de s'asseoir au volant. Sur le siège arrière, la copie du dossier qu'il avait oubliée là le surprend comme le souvenir banal d'une anecdote ancienne. Il prend la direction de la périphérie, se glisse dans le trafic léger de l'été. A un feu rouge, il attrape un bloc-notes et un stylo. Sans y penser, il note une courte phrase: «Il y a des jours clairs comme des nuits.»

22

«J'aurais pu vous proposer un autre endroit de rendez-vous, s'excuse Théo, mais je n'y ai pas pensé, c'est idiot». Muriel dit qu'elle n'y a pas pensé non plus, et que ce n'est pas important du tout. Elle s'installe dans la voiture et Théo lui demande à quelle heure elle travaille. «Ce n'est pas non plus très important, répond-elle, le fils du patron remplace les absents, c'est un des bons côtés de ce job.» Théo réfléchit un moment. «Un problème?», fait-elle. Théo lui dit qu'il aimerait faire un saut jusqu'à l'hôpital, c'est tout près, il n'en aura pas pour longtemps, un ami à saluer. «Alors je vous accompagne, dit Muriel, j'ai une amie qui travaille là, elle est infirmière, ce sera l'occasion de lui dire bonjour, on n'a plus guère l'occasion de se voir avec les curieux horaires qu'elle a parfois.»

Entrée de l'usine. Théo bavarde avec Muriel. Ruche bourdonnante, abeilles blanches, sérieuses, rapides — et les autres un peu grises, perdues. «L'année passée, dit Muriel, j'ai vécu un mois en Italie, dans le Sud; quand je suis revenue, je me suis dit que tout le monde était malade ici, vieux, gros, moche.» Elle rit un peu, «on ne doit pas dire des choses comme ça, c'est affreux, non ?». Théo lui dit que c'est la réalité qui est affreuse, «on vit dans un monde de managers et de malades et, si on veut croire une enquête sérieuse qui a été réalisée l'an passé, vingt pour cent des Belges souffrent d'un problème nerveux, dépression ou autre, fameux tableau... Mieux vaut en rire que picoler pour ne plus y penser. On se retrouve ici ?»

Paul est dans une chambre particulière. Quand il arrive, Théo croise une infirmière, il lui demande si ça va, elle dit que ça va mieux. Paul a terriblement vieilli en quelques jours. Théo plaisante un peu pour masquer son trouble. Paul lui dit que ça a été terrible, très douloureux mais qu'il se sent mieux et qu'il ne restera pas longtemps hospitalisé. Il appuie sur un bouton et quelques instants après, l'infirmière apparaît. Paul lui demande de ne plus laisser entrer personne pour le moment.

Et, l'infirmière repartie, il demande à Théo de s'asseoir.

— Je t'écoute, dit Théo.

— Tu as dû être étonné, j'imagine. On s'entendait bien mais on n'a jamais été ce qu'on peut appeler des amis proches. L'autre soir, j'aurais voulu te poser une question et finalement, je ne l'ai pas fait, il y avait trop de gens et je me suis dit que ça ne servirait à rien, que le passé est le passé...

Théo ne dit rien, il écoute la voix essoufflée de Paul, les phrases hésitantes.

— Et puis je me suis retrouvé ici et je me suis rendu compte que j'avais agi comme un con et que ma vie était devenue stupide, c'est idiot, dit comme ça, mais quand on passe à un cheveu de sa mort, on n'a plus intérêt à se raconter des mensonges...

— Je sais, dit Théo, je suis passé par là. D'une autre façon, mais le résultat est le même et je te comprends bien. Mais qu'est-ce que je peux faire pour toi ?

Paul ferme les yeux. Des larmes, lentement, roulent sur son visage.

— C'est une longue histoire, dit-il enfin.

— Je ne compte pas passer des siècles ici, répond Théo doucement, mais si tu veux me la raconter, ton histoire, je peux l'écouter.

— Pendant le barbecue, je voulais te parler de quelque chose. Walter nous avait invités, Florence et moi, et j'avais refusé, j'étais fatigué, j'ai beaucoup de travail tu sais, enfin, j'accepte beaucoup de travail, ça fait passer le temps, je veux dire que ça évite de se poser trop de questions. Puis il m'a dit que tu serais là et j'ai dit oui. Par Dirk et Anne-Marie, je savais que tu voyais encore Carla de temps en temps, que vous étiez proches, et je voulais te demander de ses nouvelles, qu'est-ce qu'elle devient, est-ce qu'elle est heureuse, est-ce qu'elle vit avec quelqu'un...

— Beaucoup de questions, dit Théo. C'est vrai que je suis resté en contact avec Carla et qu'on est proches. On a d'ailleurs vécu un moment dans la même ville. Elle vient de déménager, pas loin, elle vit sur la côte maintenant, on reste quand même voisins.

Paul a refermé les yeux, il écoute sans bouger.

— Elle travaille beaucoup, poursuit Théo. Beaucoup trop, mais c'est le point de vue d'un paresseux...

Paul sourit et Théo poursuit sa phrase :

— Un paresseux actif, pour être précis : je fais beaucoup d'efforts pour ne pas devoir travailler plus que je ne veux. Bref, Carla travaille beaucoup et ça marche bien pour elle sur le plan professionnel. Pour le reste, c'est à elle qu'il faudrait poser la question.

— Je comprends que tu ne veuilles pas en dire plus, dit doucement Paul. De quel droit pourrais-je demander à entrer dans sa vie privée... Mais il y a quelque chose que tu ne sais pas, et que personne ne sait. Carla et moi, autrefois...

— Vas-y doucement, dit Théo, on a le temps.

— Carla et moi, on a failli vivre ensemble. J'ai été incroyablement amoureux d'elle. Et elle était amoureuse de moi. Ça a duré des mois, dans le secret le plus absolu. Florence ne s'est jamais douté de rien. On était mariés depuis deux ans, ça allait bien entre nous — c'est-à-dire qu'on se voyait peu, elle avait son travail, moi le mien, une vie rapide et sans intérêt. Quand on a une vie très active, du moment qu'on ne vit pas avec une emmerdeuse, ça va. Et puis je suis tombé amoureux de Carla. Pas en un jour, non, c'est arrivé petit à petit, je ne suis pas un type rapide, je mets un temps fou à digérer les choses. Carla m'a dit après qu'elle était amoureuse de moi depuis un moment mais qu'elle n'avait pas bougé, elle avait peur de faire de la casse. Des mois ont passé, on est devenus si proches... Je commençais à me demander comment dire les choses à Florence, lui dire que j'allais la quitter, quand tout est arrivé en même temps. Le père de Florence m'a offert un job en or dans sa société, et la semaine d'après, Florence m'annonçait qu'elle était enceinte. Carla m'a dit qu'elle allait partir. Et je ne l'ai pas retenue. Je ne voulais que cela, rester avec elle, et je ne lui ai pas dit. J'étais atterré, assommé par ce qui arrivait. J'ai eu très peur. Je ne suis pas un type rapide, je te l'ai dit. Je suis juste un imbécile qui a tout raté...

— Arrête de dire des conneries, dit Théo. Tu n'es pas encore assez malade ? Tu veux en rajouter ? Je vais répondre à tes autres questions. Carla est restée seule très longtemps. Puis elle a eu des «amis». Rien d'extraordinaire, rien de très moche non plus. Carla n'est pas très bavarde pour certaines choses. Et, même en devinant qu'il y avait eu quelque chose de grave dans sa vie, je n'ai pas posé de questions insistantes, il ne faut jamais forcer les gens.

«Il y a quelques mois, Carla a vécu avec quelqu'un et j'étais content pour elle. Mais ça n'a pas marché. Elle dit qu'on devient exigeant quand on vieillit. Elle vient de déménager, je te l'ai dit. Que dire d'autre ? Ce n'est pas une histoire drôle que tu viens de me raconter. Qu'est-ce que tu voudrais ?

Paul a retrouvé des couleurs, son regard est plus vif.

— Pas mourir, dit-il.

— Mais tu vas t'en sortir. Tu es tout à fait hors de danger.

— Ce n'est pas ça que je veux dire. Je ne veux pas mourir à petit feu dans une vie qui ne me plaît pas. Je voudrais revoir Carla. Lui dire que j'ai eu tort. Que j'ai été lâche.

Théo fait oui de la tête.

— Tu lui parlerais ? demande Paul.

— Du fait que tu n'as pas réussi à lui parler autrefois ? Non. Mais je peux te donner son adresse et son numéro de téléphone si tu veux. Je peux te faire un plan de la route pour aller chez elle mais je ne peux pas y aller à ta place. Tu comprends ?

— Tout à fait. Il y a du papier et un stylo sur la table. Tu veux bien noter les renseignements ?

Théo écrit, plie la feuille en quatre et la glisse dans la main de Paul. « Repose-toi, lui dit-il, il faut que tu te reposes d'abord, et puis le reste viendra. On ne vit qu'un jour à la fois. Je ne sais pas grand-chose mais j'ai appris que chaque jour est un monde entier. Pour le reste, je te souhaite le meilleur. Moi aussi, autrefois, j'ai cru comme tout le monde que choisir le moindre mal était une preuve de sagesse, mais ce n'est vrai que pour quelques détails pratiques de la vie, et à part ça, c'est l'attitude la moins vivante qu'on puisse imaginer. »

Théo est sur le point de s'en aller. Dans son lit, Paul s'est redressé, il cherche des mots pour remercier Théo, qui lui dit de garder son énergie pour quelque chose de plus intéressant que des remerciements. « Ça va aller mieux maintenant, ajoute-t-il, tu ne me dois strictement rien, ne donne de tes nouvelles que si tu en as envie. Je te souhaite bonne chance, quoi que tu fasses ; il en faut toujours un peu. Salut ! »

Quelques instants plus tard, Théo retrouve Muriel qui l'attend. Il s'excuse d'avoir été absent si longtemps mais elle lui dit qu'elle vient tout juste d'arriver. « Votre ami va bien ? » Il lui répond que ça va aller. « Quelle drôle de tête vous faites ! », dit-elle. « La vie, dit-il après un moment, est un costume livré avec les poches encore cousues — et ce n'est pas toujours facile de les découdre. » Il sourit. « On va manger ? » Elle dit que ça devient urgent. Comme il ne sait pas ce qu'il y a de bien dans les environs, elle lui demande s'il aime la cuisine italienne, parce qu'elle connaît un endroit, à cinq minutes, où on mange les meilleures pizzas de Bruxelles.

Quand ils s'installent à la terrasse ensoleillée du *Nerone,* Théo pousse un grand soupir. «Fatigué?» Théo fait non, «juste soulagé», dit-il. Puis: «Je suis très content de vous voir. Je sens que je vais vous kidnapper pour tout l'après-midi.»

23

Avec l'été qui s'installe en beauté et ferait croire que n'ont jamais existé les journées de pluie à n'en plus finir, tout le monde sort, la chaleur dresse des miroirs, la ville se multiplie. Au centre, un singe arrête les passants. Un homme au visage de craie se fait statue. Pas un souffle de vent, les drapeaux qui décorent les Galeries sont repliés sur eux-mêmes. Le saxophoniste fait un clin d'œil à Théo, qui vient de quitter le cinéma tout proche avec Muriel. Ils parlent du *Guépard*. Du soleil et du bal, des hyènes qui ne disparaîtront pas. «J'aimerais retourner dans ce pays, dit Muriel, de toute façon, je ne crois pas que je vivrai toujours ici, j'ai envie d'aller ailleurs, où les gens sont différents.» Théo lui demande s'ils sont vraiment différents, elle sourit et dit que oui.

Plus tard, assis à une terrasse, ils regardent passer les gens. Théo lui fait remarquer qu'il y a finalement peu de groupes mixtes, qu'il y a beaucoup d'hommes ensemble, de femmes entre elles et que c'est curieux, qu'il y avait autrefois plus de couples, si on en croit les films, les photos, les souvenirs. «Ce sont peut-être des ennemis», dit Muriel. «En tout cas, répond Théo, ce sont deux races différentes, peut-être les seules qui sont vraiment différentes...» Muriel sourit encore, «qu'est-ce que tu fais des principes d'égalité?», et Théo se tait un instant avant de dire: «C'est vrai, les femmes sont en train de devenir aussi bêtes que les hommes.» «Tu n'es pas très gentil», fait-elle et il la regarde, et il dit que ce n'est pas aussi simple que ça mais que les managers femelles sont à peine moins antipathiques que les managers mâles. Il rit. «Je peux être indiscrète?», demande Muriel. Il fait oui, elle lui demande s'il vit avec quelqu'un. «Je vis seul pour le moment», répond Théo sérieusement, «et toi?». Elle secoue la tête, enlève ses lunettes de soleil. «J'avais un ami, avant, à l'université, et quand j'ai voulu faire autre chose, il n'a rien compris, il s'est mis du côté de mes parents, qui trouvaient que c'était fou d'arrêter mes études de droit alors que j'étais à deux ans de la fin et que tout marchait bien. Alors on s'est quitté.» Théo lui demande ce qui s'est passé pour qu'elle ait envie d'arrêter, elle dit que c'est une bêtise qui l'a décidée à laisser tomber, qu'elle y pensait depuis le début de toute façon. «Quel genre de bêtise?» Elle demande à Théo si ça l'intéresse vraiment, il dit que oui. «Le père de mon ami était plein de bonnes intentions, il m'a trouvé un stage à faire pendant l'été, dans une banque. J'y ai été. Et j'ai pas beaucoup rigolé dans cet endroit. Mais à la fin du stage, on m'a dit «A l'année prochaine!» et le père d'Antoine m'a dit qu'un poste de gestionnaire de fortune était à ma portée dès la fin de mes études. Et j'ai tout planté là. Je suis allée passer le reste de l'été en Italie et quand je suis rentrée, j'ai compris que ce n'était vraiment pas pour moi, cette vie.»

Théo appelle le serveur, ils recommandent des boissons. « Il vaut mieux ne pas s'embarquer dans une vie qui n'est pas la sienne, dit Théo, on y perd la seule chose qui ne se remplace pas : le temps. » Muriel lui demande ce qu'il fait dans la vie. « J'aimerais dire que je vis et que ça occupe tout mon temps, mais bon, il faut un minimum d'argent et je suis prof, j'enseigne le français à des étrangers. A l'étranger, d'ailleurs. Avant, quand je vivais ici, j'ai fait d'autres choses. J'ai vendu des mensonges. » Une pause. Muriel attend la suite, il continue : « J'ai été journaliste. Je préparais des dossiers, je rassemblais de la documentation pour des études sur les grandes questions d'aujourd'hui. Mais en réalité, j'aidais des gens à fabriquer des événements. On le sait tous très bien, il n'y a plus que les "événements" qui comptent, le spectaculaire, l'original à tout prix, le saignant. J'ai fini par me bagarrer avec des collègues et je suis parti juste avant qu'on me vire. Mais c'est loin, tout ça, je n'y pense que quand je vois une télé allumée — ce qui n'arrive pas souvent. On vit dans une société qui a inventé l'attention aux autres, ce qui est tout de même fabuleux, et on est là, à voir sur le petit écran des gosses aux yeux crevés, des millions d'affamés — et tous nos scandaleux gaspillages la seconde d'après. Quand j'étais gosse, ma grand-mère me cachait les yeux quand il y avait des images affreuses à voir et je pense qu'elle avait raison, on ne regarde pas impunément les horreurs du monde ; on les intègre, on les banalise, puis on devient indifférent et sans espoir. »

« Quel discours ! », dit encore Théo, mais Muriel fait non, elle dit qu'elle comprend, que ça l'intéresse.

«Pour en finir avec le sujet, poursuit Théo, je me suis rendu compte que le pire, c'était l'autre face des choses: les jolies images des publicités et des feuilletons. C'est là que les gens trouvent leurs modèles, c'est avec ça qu'ils fabriquent leurs rêves et leurs désirs. Mais ce sont des trucs qu'ils n'auront jamais et ils se condamnent à être tristes parce que le monde est moche et plus tristes encore parce qu'ils ne sont pas beaux comme à la télé, parce qu'ils ne sont pas assez riches pour acheter les merveilles qu'ils ont sous les yeux.» «Mais on n'est pas obligé de jouer avec, dit Muriel, on peut vivre autrement, non?»

«Pourquoi veux-tu t'en aller alors? Moi, je suis parti parce qu'il y avait trop de gens autour de moi qui allaient dans cette direction, des amis, des proches, et ça devenait invivable, je les aimais mais j'en arrivais à les critiquer tout le temps, j'aurais voulu qu'ils changent, qu'ils n'acceptent pas de se laisser faire. Ce n'est pas si facile, je l'ai compris trop tard, j'ai regretté mes critiques, ça ne servait à rien, sinon à emmerder des gens qui voulaient qu'on leur fiche la paix.» Muriel dit que c'est ce qui est arrivé avec Antoine, son ami, elle voulait qu'il change, qu'il arrête de jouer les cyniques, mais on ne change pas les gens.

«Par contre, on peut facilement changer de sujet», dit Théo et elle lui demande s'il écrit, elle a cru comprendre ça en parlant du film avec lui. Alors Théo lui explique qu'il écrit des poèmes, qu'il en a publié autrefois. «Et il y a autre chose, dit Théo, un secret, un vrai secret.»

Quelqu'un lui touche le bras, Théo se tourne un peu, c'est l'homme assis à la table voisine. Dans un anglais à l'accent rude, il demande où se trouve un café typique dont on lui a parlé, *La Mort Subite.* Théo lui explique le chemin, lui traduit le nom du café et le type se met à rire, Théo lui dit que c'est le nom d'une bière, l'autre répond qu'il va l'essayer sans tarder. Avant qu'il parte, Théo lui demande d'où il vient, qu'il ne reconnaît pas son accent. Il vient d'Australie, et Théo lui souhaite une bonne journée.

«Et ce secret?», demande Muriel. «C'est l'histoire d'un vieux rêve, de deux rêves pour être précis.» Et il lui raconte qu'il avait depuis longtemps envie d'écrire un roman, et qu'après son départ il a fini par l'écrire. L'autre rêve, c'était de publier ce livre à l'étranger et dans une autre langue. «Et tu l'as fait?» Théo répond que oui, et qu'il en est très heureux. Muriel demande si c'est publié sous un pseudonyme, il lui dit qu'il voulait que ce soit son vrai nom. «Personne ne l'a su ici?», demande-t-elle. «Personne, j'en suis sûr, ça a été publié loin d'ici et, même s'il y a eu de bonnes critiques, ce n'est devenu un best-seller que dans les couloirs de l'endroit où je travaille.»

«C'est drôle, dit Muriel, comment s'appelle-t-il ce roman?» Théo retourne un des cartons de bière posés sur la table et inscrit quatre mots. Muriel lit: «*The Last Western Dreamer.*»

24

Ils ont repris la voiture, se sont éloignés de la ville. Le soleil va rebondir, à l'autre bout du ciel, sur la chaîne montagneuse des nuages. Longtemps, la route se trace sans paroles. Théo finit par dire qu'il se souvient d'un endroit, une ferme transformée en restaurant au bout d'une petite route perdue dans la campagne mais à deux pas de Bruxelles. Près d'un cimetière, ajoute-t-il, et il se rappelle des chevaux dans les environs. «Je crois que je vois ce que c'est», dit Muriel, et elle lui indique une route à prendre. Quelques kilomètres plus loin, Théo lui montre un panneau sur le bord de la route, «c'est ça», dit-il.

Et ils trouvent bientôt la ferme, s'installent à une table. Personne d'autre. On leur apporte la carte. «Quelle musique!», dit Muriel, et Théo répond qu'il pensait justement la même chose mais qu'à ce volume discret, c'est supportable. Moments. Les plats sont servis et le garçon s'éclipse. «Tu es si serein», dit Muriel à Théo, «comment fais-tu?» Théo mange un morceau de pain, il rit. «Quelle question!», fait-il. Mais Muriel insiste, elle voudrait savoir. «On ne peut pas répondre à une question pareille en deux phrases, dit Théo, et les réponses plus longues ne rendent pas les gens sereins.» Muriel le regarde dans les yeux. «Je ne suis pas des gens, dit-elle, je m'appelle Muriel, et je voudrais bien que tu me répondes sérieusement.»

«Pardonne-moi, dit-il, mais c'est difficile, parfois, de parler de certaines choses. Les congrès d'obèses qui parlent de maigrir en se bourrant de petits gâteaux, ça me fait peur. Ce n'est pas du tout ce qui se passe maintenant, au contraire, mais j'ai parfois des souvenirs désagréables. Et alors je ne suis plus si serein que ça. Tu m'as demandé comment je faisais. Un jour à la fois. C'est simple à dire mais j'ai mis des années à arrêter de vivre hier et demain à la place d'aujourd'hui. Et il a fallu des accidents, des rencontres, des expériences douces et des expériences pénibles, ce qui fait que je ne suis pas sûr que ça puisse se communiquer facilement. Peut-être même que ça ne se communique pas du tout. Je ne sais pas. Si je devais résumer les choses, ce qui n'est pas le mieux, je te dirais que je crois qu'on se trompe, ici, sur le bonheur. Peut-être parce qu'on a une façon capitaliste de voir la vie.»

Muriel sourit. «Tu prends du café?», demande-t-elle. «Et de la tarte aux pommes», dit-il. Elle doit se lever pour aller trouver le serveur, qui sommeille sur une chaise dans les cuisines. «Continue», dit-elle à Théo.

«Le fait d'être heureux de vivre, dit-il, ce n'est pas un truc qu'on a une fois pour toutes et qu'on place dans un endroit sûr à du 14 % l'an. J'aime mieux les images de la vie comme d'un voyage en bateau où il faut faire le point chaque jour. Et pour le reste, j'ai arrêté d'agir en propriétaire. Quand on s'appelle Théo, c'est pas facile... Je veux dire ceci: j'essaie de vivre ma vie comme un bon locataire. Aimable, respectueux du bien dont je dispose provisoirement. C'est un peu ridicule, évidemment. Et il y a peut-être mieux mais, moi, ça me convient. Que dire de plus?»

Muriel boit lentement son café. «Comment se protéger sans devenir indifférent?, dit-elle, sans se foutre de ce qui arrive autour de soi? Quand j'ai quitté Antoine et que mes parents m'ont fichue à la porte en croyant me faire changer d'avis pour mes études, je me suis mise à l'écart des gens. Mais ça ne me va pas, je déteste les gens blasés, je déteste les gens qui sont toujours objectifs mais uniquement parce qu'ils n'aiment rien, que rien ne les passionne. Si tu savais comme j'ai peur de devenir comme ça...» Théo lui prend le poignet, le serre un peu. «Tu penses vraiment que tu pourrais en arriver là?», dit-il. «Mais ça arrive à des gens très bien, tu le sais, alors?» «Alors on va aller se promener un peu», dit-il.

La nuit n'est pas encore tombée et une lumière douce règne sur les vastes étendues des environs. Un peu de vent dans les longues rangées de peupliers, bruit d'eau comme un ruisseau. Le sentier rétrécit, Théo et Muriel marchent l'un derrière l'autre pendant un moment avant de trouver une route plus large qui va, au loin, vers une forêt. Un chien aboie, un autre lui répond dans une autre ferme. «Je crois qu'il faut avoir de la chance, dit Théo, et il faut faire attention à l'endroit où on vit, aux gens avec qui on travaille, sinon on se fait avaler, personne ne résiste à la pression de l'entourage, ça vient petit à petit et un jour on parle martien avec les Martiens.»

«Tu vis seul depuis longtemps?», demande Muriel. «Quand on vit seul, ça fait vite longtemps», dit-il en souriant. «On s'assied?», propose-t-il en lui montrant des troncs au bord du chemin.

«Si je suis venu passer un bout de temps en Belgique, dit Théo plus tard, c'est pour me reposer. Un accident. Des raisons professionnelles aussi, mais anecdotiques. Et puis il y a une autre raison. Une histoire dont je me remets lentement. L'histoire d'un couple qui n'a pas pris. J'ai toutes les raisons, toutes les explications — et avec tout ça, je n'ai rien, je ne comprends pas grand-chose. Un écrivain d'ici, Louis Scutenaire, a écrit que le raisonnement, c'est la petite monnaie de l'intelligence. J'ai mis beaucoup de petite monnaie en circulation après l'échec de mon couple. Et comme ce n'était pas le premier échec de ma vie, je me suis retrouvé avec un très gros paquet de petites pièces. Il a fallu les liquider. Ça prend du temps. Et il y a eu des rencontres, ces histoires où une fois on perd son temps, une fois on reçoit l'éternité en deux heures. Je simplifie un peu, parce que là aussi, les choses sont parfois complexes. Les femmes de trente ans qui sont seules, et il y en a beaucoup, ce sont des femmes qui sortent d'une histoire ratée, elles ont peur, elles sortent avec leurs copines et elles parlent du psychanalyste qui fait office d'homme-de-leur-vie. D'autres cherchent des hommes à qui faire payer la note du passé. C'est normal, les hommes font la même chose. J'ai entendu un vieil ami, récemment, qui disait ceci: quand on est seul, on est libre, mais on est seul. Un bon résumé, je trouve.» Théo se tait. Muriel dit qu'il commence à faire un peu froid, que l'humidité du bois tout proche s'est rapprochée d'eux. Lentement, ils regagnent la voiture.

La nuit est très noire et les routes ne traversent que des villages endormis. De temps en temps, au bout d'une plaine se profile le cordon lumineux de l'autoroute. Une cassette tourne. Mal Waldron. *A touch of the blues.* Longs morceaux de magie. «Quel âge as-tu?, demande Théo, et Muriel répond qu'elle a vingt-trois ans. «Quand j'avais vingt-trois ans, dit Théo, je n'osais pas dire à moi-même ce que je voulais, j'adoptais les désirs des autres comme des enfants perdus, puis je me suis perdu moi-même et je n'ai plus rien désiré du tout. Ça s'appelle mourir.» «Pourquoi me dis-tu cela?», demande doucement Muriel. «Pour que ça ne t'arrive pas», dit Théo.

Plus tard, ils empruntent l'autoroute et vont vers la ville. «J'aimerais bien écrire, dit Muriel, mais je n'ai aucune imagination quand je suis devant une feuille de papier.» «Moi non plus, répond Théo, mais l'imagination, c'est dans la vie qu'il faut la mettre et, après, on peut mettre un peu de la vie dans les livres.»

25

«Quelle heure est-il?», demande Muriel à l'oreille de Théo. «Juillet et des poussières», dit-il. «Alors je dors encore un peu», fait Muriel en bâillant.

Et plus tard, Muriel se lève, ouvre les rideaux pour découvrir le ciel. Café chaud dans la très petite cuisine traversée par le soleil. «On a de la chance», dit Théo. Puis: «Merci pour la nuit.» Muriel, qui cherche quelque chose dans le frigo, se retourne pour lui adresser un sourire. «D'habitude, dit-elle, c'est plutôt décevant, l'amour avec quelqu'un de nouveau; là, c'était bien.» «Idem», répond Théo, qui lui demande ensuite si elle travaille l'après-midi, mais elle dit que non, qu'elle va téléphoner pour qu'on la remplace. Puis elle explique à Théo qu'elle part bientôt en vacances, qu'elle va retrouver des amis en Provence, dans un petit village loin de tout. «Essaie de rester comme tu es, dit Théo, ne deviens pas une femme double.» Muriel lui demande ce que c'est, ce drôle d'animal, et il rit. «Il faudrait dire une femme divisée, peut-être, mais j'aime mieux dire «double», il y a beaucoup de femmes doubles aujourd'hui, elles se battent tout le temps et partout pour prouver quelque chose, je les appelle «les glorieux capitaines», jamais céder, jamais fléchir — et quand elles s'effondrent, on trouve sous la casquette des femmes qui veulent être cajolées, bercées, entourées comme des bébés. Impossible de savoir quand elles sont dans ce rôle-ci ou dans celui-là, et impossible de leur en vouloir puisqu'elles ne le savent pas elles-mêmes. Et ça donne des situations invivables.»

Muriel dit qu'elle voit bien ce qu'il veut dire, elle en connaît, c'est l'époque qui veut ça. «Mais on ne t'a jamais traité de macho quand tu dis ça?», ajoute-t-elle avec un sourire. Il rit. «Si, c'est arrivé, dit-il, mais par erreur d'interprétation. Sans blague, ce qui serait triste, c'est que les femmes deviennent elles aussi machos, c'est déjà insupportable avec les hommes, alors...»

Théo allume une cigarette. La fumée s'enroule sur elle-même avant de disparaître. Muriel a ouvert la radio, qui diffuse un air vaguement tropical. Une publicité pour un fromage qui mène au septième ciel les fait sourire. Muriel éteint l'appareil, «c'est incroyablement débile, tout de même», dit-elle. «Tiens, ma montre s'est arrêtée», dit Théo. Et Muriel répond que c'est l'heure de la sieste.

Plus tard, Théo s'en va. Muriel lui demande de donner de ses nouvelles s'il revient à Bruxelles et de lui rappeler le nom de l'écrivain qui a dit que le raisonnement est la petite monnaie de l'intelligence. «C'est Scutenaire, dit Théo, et il y a un autre type qui a écrit un livre fabuleux, plus beau encore que celui de Scutenaire, il s'appelle Marcel Havrenne et il a écrit ceci.» Théo prend son carnet, y note une phrase, arrache la page et la donne à Muriel, qui lit à haute voix: «Ce qui ne laisse rien à désirer touche à la perfection, laquelle se définit ainsi par son plus remarquable inconvénient.»

26

Jours qui passent, soleil qui demeure. Journées lentes, s'asseoir devant des toiles dans des musées et ne plus en regarder que les reflets colorés. Traverser des parcs, longer le canal qui va nulle part. Puis des heures douces avec Dirk & Anne-Marie, et les quitter vite puis le regretter. Théo a écrit une courte lettre à Carla, mots pour dire qu'il y a si peu à dire, que tout va bien. Mal Waldron est parti donner des concerts au bout du monde et *L'Archiduc* est en panne sur une mer d'huile.

Un matin, Théo trouve au courrier une lettre qu'il range avec le courrier à faire suivre pour Nicolas avant de réaliser qu'elle lui est adressée. Il lit les quelques lignes :

« Comment va Théo ? On me dit qu'il est à Bruxelles et il ne m'a pas donné de ses nouvelles. C'est qu'il va bien. Toujours égoïste. Qu'est-ce que tu imagines, Théo ? Que je vais t'attacher au radiateur si tu viens me dire bonjour ?

« Partir comme tu l'as fait, ça ne t'a pas un peu gêné ? Tu aurais mieux fait de passer ton chemin plutôt que de commencer quelque chose que tu ne comptais pas finir. L'avantage, avec les années qui passent, c'est que j'ai même oublié combien j'ai pu te détester. Voilà qui est dit : je t'ai détesté. Je voulais que tu le saches. Même si tu t'en moques, même si ça te fait sourire, toi que rien ne touche et qui n'as pas de mémoire. Il n'y a rien d'autre à dire et c'est bien comme ça.»

Théo relit la lettre, lentement, avant de la froisser et de la laisser tomber dans la corbeille à papier. Il se lève, choisit un disque. Les chansons de *Blonde on blonde* remplissent l'appartement. Ne plus penser au passé. Ne plus emprunter les routes où il n'y a que de la poussière à trouver.

Après la musique, il essaie de joindre Dirk mais seul le répondeur répond. Même chose chez Walter. Puis, dans la chaleur lourde de sa voiture, il traverse la ville pour prendre l'autoroute de Liège. Une heure plus tard, il s'arrête près du fleuve. Il reste là longtemps, sans rien faire. Et quand éclate un orage, violent, au-dessus de la ville, il se met à sourire. Spaghetti dans un petit restaurant. L'accent chantant des gens retient son attention. Rien ne change. La pluie finit par s'arrêter et il reprend l'autoroute vers Bruxelles. Après quelques kilomètres, un peu de clarté apparaît à l'horizon, du côté où le soleil se couche. Et peu à peu, sous l'immense empire des nuages noirs, une mince zone de ciel bleu se dégage. S'y glisse le soleil dans sa chute et c'est l'aurore à l'envers, jusqu'au retour.

27

Nuit avec des livres dans le royaume de la musique. La fenêtre ouverte laisse entrer les odeurs de ville et d'été et, lointaine, la trace de la mer. Ce désir d'y aller et cette paresse, cette peur peut-être, toujours quelque chose qui manque. Théo repose le livre achevé et dans la cuisine, il presse deux citrons, en mélange le jus à de l'eau fraîche. Va s'asseoir tout près du téléphone, le regarde et puis non, il sonnera quand il veut, les yeux sont aveugles dans le dédale des câbles.

Plus tard, il compose l'indicatif international et un numéro qui répond presque aussitôt.

— Hello, Sam, here's Théo, you're not sleeping?

— Théo? Where are you? Toujours à Bruxelles?

— Je ne vais pas être trop long, c'est le téléphone d'un ami.

— Je te rappelle?

— Non, je voulais juste te dire bonjour, te donner quelques nouvelles. J'ai vu les types avec qui j'avais rendez-vous et c'est toi qui avais raison, zéro sur toute la ligne.

— On trouvera une autre solution, ce n'est pas très grave mais ç'aurait été idiot de ne pas essayer.

— C'est ce que je me suis dit. A part ça, quoi de neuf?

— Tu as fait un stage de télépathie ou quoi? J'allais t'appeler demain matin. Une nouvelle qui vient de m'arriver par voie officieuse: on va t'offrir à la rentrée le poste de responsable de la section de littérature. *Full time job,* salaire honorable, et cetera. Faudra que tu laisses tomber les classes, une partie en tout cas — mais il y aura des conférences à donner à la place. Bonne nouvelle, hein?

— Oui. Très bonne. C'est surprenant. On aura l'occasion d'en reparler, évidemment.

— Évidemment. Mais dis-moi, ta santé? Tu récupères?

— Très bien, à part l'épaule qui coince un peu, de temps en temps, mais c'est un détail. Et Ann, elle va bien?

— Tout à fait remise mais elle s'en veut et elle croit que tu lui en veux.

— Faudra lui dire qu'elle croit ça parce que ça lui fait plaisir de le croire. OK, elle conduit comme une folle — mais ce jour-là, elle n'a pas commis l'ombre d'une erreur! Combien de fois est-ce qu'il faudra encore lui dire que ce n'est pas de sa faute si le type d'en face était ivre?

— Avec le temps, ça va s'arranger. Mais toi, qu'est-ce qui ne va pas?

— Tout va bien, Sammy, tout va fort bien.

— Ta voix dit autre chose. Pourquoi tu ne rentres pas s'il y a un problème? Viens passer quelques jours chez nous, les gosses sont en vacances, on ira faire du bateau.

— C'est gentil mais non, pas maintenant. Plus tard. Au mois d'août.

— Je peux te poser une question?
— Vas-y.
— Quelle passion te pique, Théo?
— Ah! mais quelle idée j'ai eue de te téléphoner...
— Fallait téléphoner à quelqu'un qui ne te connaît pas.
— Je suis juste un peu fatigué, Sam, et d'ailleurs je vais aller dormir. C'était chouette de t'entendre. Embrasse ta femme pour moi.
— Je vais le faire tout de suite. Je lui dirai que Théo a encore une idée derrière la tête.
— Fuck you!
— Quand je pense qu'il y a encore des gens pour te trouver aimable, Théo, je me dis que Dieu a travaillé avec du matériel de récupération, c'est pas possible autrement... Hé, prends soin de toi!
— Bonne nuit, Sam!

28

Matinée de mots écrits dans le carnet des va-et-vient. Temps qui passe et temps qu'il fait, temps qui revient, avec la mémoire qui oublie et l'oubli qui n'oublie rien. Théo sort à midi, trouve difficilement une boulangerie ouverte, elles portent presque toutes la mention « Congés annuels ». Au retour, une lettre de Carla.

« Cher Théo, tu sais bien que je n'aime pas écrire, j'ai toujours l'impression que la plume raconte autre chose que ce que je veux dire et ça me met les nerfs en pelote. Mais je voulais te dire que j'ai bien reçu tes lettres. Merci de m'écrire, ça me fait tellement plaisir. Je suis très heureuse de te savoir à nouveau en forme. Repose-toi bien! Je voudrais te parler de quelque chose d'important pour moi mais ce sera pour ton retour. Comme c'est confus, mieux vaut d'ailleurs qu'un peu de temps passe; je ne te raconterais pour l'instant que des choses insensées et tu ne me reconnaîtrais guère. En trois mots, tout va bien ici, et malgré le travail qui ne cesse de s'empiler sur mon bureau, je passe souvent quelques heures au bord de l'eau. J'ai pris un coup de soleil à un endroit désagréable et j'ai dû travailler plusieurs jours debout... Tu peux deviner comme ça a été pratique. J'ai hâte de te revoir. Donne-moi des nouvelles en attendant. Baisers, Carla.»

Et l'après-midi se passe en promenades dans la ville où se multiplient les touristes. Ils se rassemblent dans le périmètre des rues qui entourent la Grand-Place. Théo remonte lentement vers le Mont-des-Arts où des enfants font du skate-board. Plus loin, il s'arrête à côté des hôtels en construction. Trou immense où vivent les grues. La façade rénovée de Saint-Michel est une merveille de sucre taillé qui attire le soleil. Voix japonaises et l'orgue qui répète. Le frère aîné de Walter a épousé une Vietnamienne, elle a les plus belles mains du monde. Emprunter une rue qui mène à la place de la Monnaie. L'ombre est fraîche. Des Espagnols montrent en souriant les poubelles qui s'accumulent ici et là sur la place. Parfum connu dans l'air, Théo se retourne, la femme est à vingt pas. Il marche un moment derrière elle, finit par la rattraper à la terrasse de l'Hôtel Métropole où elle s'assied. Il choisit la table voisine. Lui pose la question et elle répond en expliquant que c'est le parfum qu'elle a emprunté à une amie, elle l'empruntera encore, bien sûr.

Cinéma. Théo voit un film russe. Une femme pousse un petit cri quand l'amant fait couler sur les jambes gelées de l'héroïne de longues rasades d'eau bouillante. «Comme c'était triste et beau», dira-t-elle en sortant à l'homme qui l'accompagne. Plus tard, Théo retrouvera *L'Archiduc*, amarré au bord de la nuit.

29

Peu de gens autour du piano. L'été disperse les habitués. Une femme noire est entrée, elle dit quelques mots à l'oreille de Mal Waldron, il fait oui de la tête et se met à jouer. Et bientôt elle chante *Summertime*, et sa voix très belle emplit l'espace. Beaucoup d'applaudissements, elle remercie le pianiste, elle s'en va comme elle était venue. «Qui est-ce?», demande Théo à Jean-Louis, mais Jean-Louis n'en sait rien, il ne l'a jamais vue.

Quand s'arrête la musique, un homme s'approche du piano. Il ne parle pas anglais et la conversation avec le musicien est lente. «La musique est naturelle, entend Théo, il faut la laisser passer, il faut se laisser tirer par les notes; les mauvais musiciens, ils travaillent seulement avec leur tête.» Puis le rire du musicien, ce rire qui dit de ne rien prendre trop au sérieux.

Théo profite de l'interruption pour aller manger. Brochettes de bœuf aux cinq parfums, thé au jasmin. Le restaurant est meublé de tables laides, des poissons tournent dans un aquarium où clignote un gadget électronique. «A Bruxelles, il y a beaucoup d'étrangers», dit quelqu'un à une table voisine; «d'ailleurs, même les Belges sont étrangers», poursuit en riant une autre voix à l'accent bruxellois marqué.

De retour à *L'Archiduc*, Théo demande à Sylvie si elle part en vacances. Elle aime la ville en été, explique-t-elle, et ne part qu'en automne, quand revient la pluie. Mal Waldron a repris sa place et il allume une cigarette, aspire une seule bouffée avant de la déposer dans le cendrier. Théo ferme les yeux. Pensées légères. Se glisser sans dire un mot dans l'île des rêves éveillés où rien ne blesse, où rien ne cesse d'être de ce qui a été et de ce qui sera.

30

Rien ne bouge dans l'appartement silencieux si ce n'est le minuscule œil rouge qui cligne pour signaler des appels. Théo s'assied, appuie la touche «Message playback». Les notes haut perchées d'un saxophone soprano tournent autour du piano de Mal Waldron, sur un disque trouvé quelques heures plus tôt. Il diminue le volume de la musique, augmente celui du répondeur, et la voix de Laura s'installe dans la pièce. «Je n'ai pas pu, dit-elle, te prévenir plus tôt, on ne m'a donné la date qu'il y a une heure, et voilà, je serai à Bruxelles lundi, j'espère que tu n'es pas parti, je ne suis pas chez moi pour le moment et ce serait difficile de te donner un numéro où m'appeler mais le numéro de l'*Ibis* qui est à côté de la Grand-Place doit être facile à trouver, c'est là que je serai, on peut se voir lundi soir, et..., et puis voilà, je me réjouis de te voir.»

Petite sonnerie et la voix de Paul remplace celle de Laura. Il dit qu'il va très bien, qu'on lui a prescrit deux mois de repos, qu'il va prendre de longues vacances, seul.

Sonnerie encore, une voix que Théo ne connaît pas, un message urgent pour Nicolas. Il recopie le nom, le numéro. Fin des appels. Il compose le numéro de Nicolas, lui communique le message, ils bavardent quelques minutes et Théo remet la musique dans le silence de la nuit. Le sommeil arrive et il le laisse venir. Le premier soleil du jour le trouvera sur le divan, au milieu d'un rêve qu'il ne voudra pas quitter.

31

Chère Carla, je n'en suis pas encore revenu: une lettre de toi, même courte, c'est un événement. Je serai content de te voir à mon retour. Et d'écouter ces choses dont tu parles sans parler.

J'irai à la campagne demain, il y a ce week-end avec anniversaires, et comme le temps est magnifique, je pense que ce sera très agréable. A propos de ce temps, j'ai entendu il y a quelques jours un petit morceau de conversation qui m'a terriblement frappé. En marchant, j'ai croisé un couple, des gens de notre âge, ils sortaient d'une boutique avec quelques paquets, l'homme a dit qu'il allait ouvrir le coffre de la voiture. S'arrêtant un instant, il a ajouté qu'il faisait beau. « Ça sert à quoi ? », a répondu la femme. Le vide dans cette voix...

Et ça m'a fait penser à cet affreux malaise qui m'a saboté des journées et des journées, il y a un certain temps déjà, quand j'ai perdu le ciel. Je ne peux pas le dire autrement: un jour, j'ai perdu le ciel et ça m'a désespéré, il faut que je remonte à l'enfance pour trouver un chagrin pareil. J'ai toujours aimé regarder le ciel. Il m'a toujours rassuré. J'aime ce paysage derrière lequel il n'y a rien, le grand néant, l'inimaginable qui commence et qui ne finit pas, et pour moi, pas de ciel, c'est comme s'il n'y avait plus de rêves. Un jour, brutalement, tout s'est retourné. En regardant le ciel et les nuages, j'ai vu l'envers du décor, comme si j'étais dans un engin spatial. Fini la magie. Le ciel était devenu tout petit et les nuages n'étaient plus que le décor d'un film. Je ne pourrai jamais dire vraiment l'effet que ça m'a fait. Et ça a duré des jours. J'ai retrouvé le ciel en écoutant de la musique en voiture et j'ai été heureux, un vrai grand bonheur. De temps en temps, le malaise revient, tout se retourne et, pour un moment, plus rien n'a de sens et moi qui ne pleure pas, je pourrais verser des larmes. Curieux, hein?

Donc, heureusement qu'il y a la musique. Je suis occupé, en écrivant, à t'enregistrer un disque où Mal Waldron, dont je t'ai parlé, est accompagné par Steve Lacy. Ça s'appelle *Sempre amore.*

J'ai racheté hier un bouquin que j'adore. Et je ne résiste pas au plaisir d'en recopier pour toi un petit extrait.

> *On se fait des idées sur les sciences exactes. C'est une idée que j'ai eue un matin, en me rasant, et qui me réjouit de plus en plus. (...) Je ne veux pas dire qu'il n'est pas nécessaire que des gens bien intentionnés consacrent leur vie à traquer l'exactitude dans le moindre recoin de la connaissance. C'est nécessaire. C'est indispensable. Mais — dans l'attente d'hypothétiques résultats exacts et définitifs — je ne crois pas que nous ayons tellement besoin de tant d'exactitude. Aussi loin que la*

science explore l'univers, dans l'infiniment grand et dans l'infiniment petit, tout s'y révèle mouvement. Après tout, beaucoup de nos certitudes nous angoissent bien davantage que la plupart de nos incertitudes. Il nous reste peut-être à apprendre à vivre sereinement notre incertitude.

Ces quelques lignes sont les premières de *Tristesse de la Balance et autres signes*, de Jacques A. Bertrand — et si je ne t'ai pas dit cela avant, c'est parce que je connais ta tendance à fermer un peu l'oreille quand je sors des sentiers battus. *Take it or leave it*, évidemment. Mais j'aimerais bien, malgré tout, que ces lignes te disent quelque chose. «Il faut trouver un compromis honorable», dirait Carine.

La musique s'achève et ma lettre aussi. Faudra que tu m'expliques un jour ce «refus» d'écrire des lettres. Ça ne mord pas, une lettre. C'est le temps qu'elles mettent à arriver qui te gêne? Moi, ça m'a gêné autrefois et puis je me suis rendu compte que c'était la trop grande vitesse de ma vie qui était gênante, bien plus que la relative lenteur du courrier. On vit dans un monde où les distances n'existent plus ou presque (à part la distance entre les gens, parole de psy) et c'est merveilleux. Mais si tu veux mon avis, c'est aussi une catastrophe. Tout le monde croit qu'on a gagné du temps en échange mais c'est un point de vue vraiment discutable. Il y aurait des livres épais comme ça à écrire sur le sujet... Moi, je vais plutôt aller me promener. Ne plus pouvoir jouer au tennis me gêne beaucoup. (Reste le mikado, mais ce n'est pas tout à fait la même chose.) J'espère qu'il ne reste de tes coups de soleil qu'un mauvais souvenir, je t'embrasse et je te souhaite de fort bonnes vacances puisque tu pars bientôt, si ma mémoire est bonne. A bientôt. Théo.

32

« Tu t'ennuies ou tu dors ? » Théo ouvre les yeux sur le sourire d'Anne-Marie qui flotte dans le soleil. Il dit : « Ni l'un ni l'autre, j'écoutais les oiseaux en ne pensant à rien. » Elle s'installe à côté de lui dans le jardin dont on ne voit pas la fin. « Tu n'avais pas envie de faire cette balade avec tout le monde ? », demande Théo. Elle explique qu'elle préfère se reposer un peu avant de préparer le repas avec Sylvie et Christian. Une abeille s'est posée sur son genou, un court instant, puis elle s'envole, comme absorbée par le vent tiède. « Christian est maniaque ces temps-ci, dit-elle, si tu voyais comment il a dressé la table... » Théo sourit. « Et Julia est un peu mélancolique, est-ce qu'elle a des ennuis ? », poursuit Anne-Marie. Théo dit qu'il ne croit pas. « Tout le monde est un peu obsessionnel de temps en temps, un peu parano parfois, un peu mélancolique..., dit Théo, et au fond, avec tout ça, je trouve encore que les gens ne sont pas assez fous. » Anne-Marie éclate de rire. « Viens me donner un coup de main à la cuisine », dit-elle.

Quand le groupe revient, tout est prêt et tout le monde s'installe autour de la très longue table.

Walter demande le silence, Sylvie apporte un très gros paquet et le dépose devant Sarah et Marco. «C'est quoi, un ours empaillé?, demande Marco, et d'abord, pourquoi on met ça devant moi?» Et Walter commence un discours farceur pour souhaiter à Sarah et à Marco de rester encore longtemps ensemble, histoire de rappeler aux générations futures que le mariage, à titre exceptionnel, était une invention respectable. Déballage du paquet, une horloge ancienne apparaît. «Si on additionne les années de deux mariages, on peut en avoir une aussi?», demande Yves. Et le repas continue jusqu'à la nuit, jusqu'à un tirage au sort pour savoir qui dort dans la maison et qui s'installe dans la grange. Dirk et Théo vont se promener, longtemps, sans échanger beaucoup de mots. «Quand je pense qu'on vieillit...», dit Dirk au retour. «N'y pensons pas trop, répond Théo, c'est ça qui fait vieillir.» Et Dirk s'assied sur le talus. «Quand la vie est moche, dit-il, c'est désespoir et compagnie, regarde Paul par exemple, et quand la vie est belle, c'est désespérant de penser que ça va s'arrêter un jour.» Théo s'assied lui aussi. Des étoiles s'allument ici et là. De la grange viennent des rires, des bruits d'objets qui dégringolent. «Je pense qu'à moins d'être idiot, de ne jamais penser à rien, il n'y a pas moyen d'être autre chose qu'un peu désespéré, dit Théo, et je le suis parfois plus qu'un peu. Je n'ai rien trouvé de définitivement efficace contre ça et je me dis maintenant qu'il n'y a rien d'autre à faire que vivre chaque jour comme un monde entier. Et aimer quelqu'un, bien sûr.» «Qui aimes-tu?» «Je te le dirai si j'arrive enfin à le lui dire...», répond doucement Théo.

Dirk s'est levé. «Je pense que je serai le premier à la grange», dit-il à Théo en commençant à courir. Ils y arrivent en même temps, à l'instant même où arrive Sylvie, un énorme paquet de couvertures sur les bras. Ils tombent tous les trois dans la grange. «Vous êtes fous», plaisante Sylvie un peu plus tard. «Jeunes», corrige Dirk.

33

Dans la foule qui arpente lentement les Galeries, Théo et Laura se laissent porter et ne parlent pas. Clin d'œil du saxophoniste. Ils s'arrêtent pour l'écouter. A ses côtés, un contrebassiste joue les yeux fermés. Plus loin, le singe prend des poses dans un cercle d'enfants. Théo et Laura changent de direction, rejoignent la voiture. «Si on allait manger quelque chose à la mer?», propose Théo.

Dans la voiture, Laura sort de son sac un livre qu'elle montre à Théo. «Tu connais le type qui a écrit ce roman?», demande-t-elle. Théo se tourne vers elle, découvre un curieux sourire. «Où l'as-tu trouvé?», fait-il. «Dans un train, dit-elle, il y a trois mois, je faisais un long trajet et j'ai emprunté un bouquin à mon voisin. Tu ne me l'aurais jamais envoyé?» Théo ne dit rien, il allume une cigarette, règle le volume de la musique. «Si, sûrement, un jour.»

Laura dit à Théo qu'il y a des moyens plus simples pour dire quelque chose aux gens qu'un roman qu'on ne leur donne même pas à lire. «Je croyais vraiment que tu te fichais de moi, que tu ne savais même pas que j'existais», dit-elle et Théo essaie de dire que c'était il y a longtemps, que tout allait si mal, et qu'il n'a compris que plus tard, en écrivant le livre. «La mer est proche», dit-il en ouvrant un peu la vitre. Et plus tard, ils s'installent dans un petit restaurant face à la nuit où les vagues font des signaux d'écume.

Le repas achevé, ils font quelques pas sur la digue, descendent les escaliers de bois et s'engagent sur la plage. «A cause de ça», dit Théo en montrant du doigt quelque chose dans l'obscurité, «j'ai gardé confiance à travers tout. Parce que le va-et-vient de la vie, c'est comme la mer. Il faut monter avec la marée qui vient, pas avec celle qui descend; il faut attendre.» Ils s'approchent de l'eau jusqu'à ce qu'elle vienne effleurer leurs pieds. «On croit que, parce qu'il bouge, le temps va quelque part, de A à Z, mais non, dit Théo, c'est autre chose.» Les yeux de Laura se rapprochent des yeux de Théo, et puis les mains, et les lèvres au goût de sel marin.

Retour aux lumières, aux rues, aux maisons. Ils trouvent un hôtel, s'y engouffrent sans parler.

34

Autoroute du matin, vite, vers Bruxelles où Laura est attendue. « J'ai des problèmes pour le moment, dit-elle à Théo, une sinistre histoire de famille autour d'un héritage. Les choses sont devenues si difficiles, si tristes, que j'ai renoncé au magasin que je gérais au nom de mes parents et je vais en ouvrir un autre. Tu sais où ? » Théo fait signe que c'est difficile à deviner et elle dit : « Ici. » « Quand ? » Elle ne sait pas encore mais sûrement avant la fin de l'année.

« On se reverra ? », demande-t-elle quand la voiture s'arrête près de son hôtel, « ou tu comptes écrire un autre roman bourré de fines allusions ? » « Je t'aime », dit-il.

35

Saïda a reconnu Théo et lui a dit qu'il trouverait Nelly dans le jardin. Elle se lève et vient à sa rencontre, l'emmène par la main sous l'arbre où sont les fauteuils. «Bientôt reparti, Théo?» Il dit que oui, dans quelques jours. «Mais je vais revenir», ajoute-t-il. Nelly le regarde attentivement. «Pour de bon?», fait-elle. «Un pays où on trouve vingt sortes de pains ne peut pas être tout à fait moche. Et puis, la mer est à deux pas et...» Nelly sourit. «Je ne sais pas...», commence Théo. «Comme tout le monde», dit Nelly.

Le soleil entre les feuilles se matérialise et Théo, sans réfléchir, refait le geste enfantin de toucher les rayons d'or. «A bientôt alors?», dit Nelly. «A très bientôt!», dit Théo.

Bruxelles, le 4 octobre 1991.

Cet ouvrage a été réalisé par la
SOCIÉTÉ NOUVELLE FIRMIN-DIDOT
Mesnil-sur-l'Estrée
pour le compte des Éditions Robert Laffont
en mai 1992

Photocomposition : Graphic Hainant

Imprimé en France
Dépôt légal : février 1992
N° d'édition : 34133 – N° d'impression : 20847